DOKÉO+

COMPRENDRE COMMENT ÇA MARCHE...

le monde où je vis

Nathan

Direction éditoriale
Jean-Christophe Fournier

Conception graphique et maquette
Lawrence Honoré

Direction artistique
Lieve Louwagie, Lawrence Honoré

Édition
Jean-Christophe Fournier

Recherche iconographique
Lisa Buchaudon

Correction
Marie Donnet

Fabrication
Lucile Davesnes-Germaine

Photogravure
Axiome

ISBN : 978-2-09-253434-2

Loi n°49.956 du 16 juillet 1949 sur les publications destinées à la jeunesse, modifiée par la loi n°2011-525 du 17 mai 2011

DOKÉO+

COMPRENDRE COMMENT ÇA MARCHE...

le monde où je vis

Textes de **Jean-Michel Billioud**
Illustrations de **Didier Balicevic, Buster Bone, Vincent Desplanche** *et* **Olivier Latyk**

Nathan

SOMMAIRE

COMPRENDRE COMMENT ÇA MARCHE...

un pays

COMPRENDRE COMMENT ÇA MARCHE...

une ville

SOMMAIRE

une ville

les loisirs

COMPRENDRE COMMENT ÇA MARCHE...

un pays

une démocratie

La **démocratie** est un **régime politique** dans lequel le pouvoir est détenu ou contrôlé par **le peuple**. Pauvres, riches, femmes ou hommes, tout le monde doit être libre de choisir à travers des **élections** ceux qui gouvernent et ceux qui votent les lois. Mais cela ne suffit pas. Pour être sûr de mettre en place un véritable régime démocratique, il faut respecter **quatre grandes règles**.

RÈGLE N° 1

Il faut une constitution : un ensemble de textes qui définissent le rôle du président, des assemblées qui votent les lois, des juges... et expliquent les grandes règles de la vie en société.

Tous les citoyens sont **égaux devant la loi**. Un patron ne peut pas refuser la candidature de quelqu'un parce qu'il est noir.

Tout le monde peut **créer un parti** : il suffit de réunir des gens ayant les mêmes idées de la société.

Si le président met les chefs des partis de l'opposition en prison, c'est une **dictature** !

RÈGLE N°4

Il faut plusieurs partis politiques. Les citoyens ne pensent pas tous la même chose : il est souhaitable que les parlementaires puissent représenter cette diversité à l'Assemblée.

Les partis ne sont pas toujours d'accord, mais pour voter une loi, ils font parfois des **alliances**.

En France, le **président** ne peut pas rester en poste plus de dix ans consécutifs.

RÈGLE N° 2

Ceux qui dirigent (président et gouvernement), ceux qui jugent (magistrats) et ceux qui votent les lois (parlementaires) doivent être indépendants les uns des autres.

Les **parlementaires** contrôlent les décisions du gouvernement.

Le **chef du gouvernement** ne peut pas demander à un juge d'être clément avec un accusé parce que c'est son ami.

Un parlementaire ne peut pas faire condamner un adversaire politique même s'il a commis un délit. Ce sont les **juges** qui font appliquer les lois.

RÈGLE N° 3

Le peuple doit être consulté régulièrement au moment des élections, mais aussi lors des référendums pour donner son avis sur les grandes décisions.

Tous les 6 ans en France, 5 ans en Italie ou 4 ans au Québec, les citoyens élisent leur **maire**.

Les citoyens peuvent être interrogés par **référendum** pour savoir si leur pays doit adhérer à l'Union européenne ou si la constitution doit changer.

un gouvernement

Dans une **démocratie parlementaire**, le gouvernement est constitué d'une trentaine de **ministres** et de **secrétaires d'État,** issus, le plus souvent, du parti qui a gagné les dernières élections. Il dirige la **politique** du pays et fait appliquer les lois votées par le **Parlement**. En général, le gouvernement se réunit une fois par semaine : c'est le **Conseil des ministres** où se prennent les grandes décisions politiques et où se font les nominations des hauts fonctionnaires.

Le **Conseil des ministres** se réunit une fois par semaine pendant 1 ou 2 heures pour une présentation des dossiers importants. Dans chaque ministère, on travaille sur ces dossiers depuis des semaines, voire des mois !

Après la fin du conseil, un **compte-rendu** de la réunion est mis à disposition sur le site internet du gouvernement.

président de la République

En France, il préside le **Conseil des ministres**, mais ce n'est pas le cas dans tous les pays.

chef du gouvernement

Il est **élu par le Parlement** (en Allemagne ou en Angleterre) ou choisi par le président (en France) ou par le roi (en Espagne). Aux États-Unis, le président est à la fois chef de l'État et chef du gouvernement.

ministres

président de la République

Il désigne le **Premier ministre** dans le parti qui a gagné les dernières élections. Il nomme aussi les autres membres du gouvernement.

chef du gouvernement

Le **Premier ministre**, en France, est le chef du gouvernement. Il **dirige une équipe** d'une trentaine de **ministres**.

ministres

Chacun des ministres est **responsable d'un grand secteur** comme l'Intérieur, la Justice, l'Économie ou l'Éducation.

secrétaires d'État

Certains ministres sont aidés par des ministres délégués ou des **secrétaires d'État**.

fonctionnaires

Chaque ministère emploie des milliers de **fonctionnaires**.

Le **ministre de l'Intérieur**, en accord avec le Premier ministre, soumet les noms de trois **préfets** au Conseil des ministres. Le président de la République les nomme par décret.

Le **ministre des Sports** et le secrétaire d'État au Handicap dressent le bilan du développement des clubs handisport depuis un an. Le Premier ministre demande que cet effort soit poursuivi.

La **ministre de l'Éducation** présente un projet de loi sur l'augmentation de la durée des stages des élèves en entreprise. Sa proposition est adoptée. La loi sera soumise au vote des parlementaires.

Le **ministre des Affaires étrangères** fait un point sur les conséquences d'un tremblement de terre en Turquie. Le gouvernement décide d'envoyer des unités de pompiers spécialisés.

Attention, certaines vont profiter de cette baisse tout en continuant à licencier leurs ouvriers!

Avec les économies réalisées, les entreprises pourront embaucher plus de salariés.

le Parlement

Proposer des lois

Les **lois** qui sont débattues au **Parlement** sont proposées soit par les **députés** eux-mêmes, soit par le **gouvernement**. Lors d'une séance, le ministre des Finances présente par exemple une loi limitant les impôts des grandes sociétés.

Dans les **pays démocratiques**, les citoyens élisent des **parlementaires** chargés de les représenter. Ces élus jouent un rôle important : ils **votent les lois** qui vont s'appliquer dans le pays, ils **contrôlent les dépenses** et les recettes prévues par l'État et ils **contrôlent l'action du gouvernement**. En France, à l'Assemblée nationale, les 577 députés se placent dans l'hémicycle, la salle en forme de demi-cercle où ils se réunissent, selon leur **orientation politique**. C'est pour cela que l'on parle de « gauche », de « centre » et de « droite »...

En France, les parlementaires se réunissent entre **120 et 150 jours par an**.

Des **greffiers** notent tous les débats qui seront publiés dans le journal officiel : tout le monde peut y avoir accès !

Le député ou le ministre qui propose la loi prévue à l'ordre du jour vient à la tribune pour l'expliquer aux autres députés et la défendre.

Quand ils ne sont pas à l'Assemblée nationale ou au Sénat, les **parlementaires** sont sollicités par leurs **électeurs** pour les aider à régler des problèmes. Parfois, ils leur demandent aussi de faire voter de nouvelles lois.

Voter les lois

Souvent, les députés de gauche et de droite ne sont pas d'accord. La **loi** n'est adoptée que si la **majorité** des parlementaires est **favorable**.

Voter le budget

Le **ministre du Budget** vient à l'Assemblée pour expliquer aux députés comment il va utiliser l'argent collecté à travers les impôts.

Contrôler l'action du gouvernement

Pendant les séances de l'Assemblée, les députés posent des **questions aux ministres** sur leurs activités et ces derniers sont obligés de répondre.

Dans la salle, des **tableaux** indiquent les résultats après chaque vote.

Certains sont aussi **maires** ou ont d'autres **fonctions politiques**. Ils sont presque toujours membres d'un **parti**.

Avant de proposer une loi à l'Assemblée, les députés travaillent par petits groupes, les **commissions**.

un parti politique

Un parti est un **groupe de citoyens** qui partagent la même opinion et veulent organiser le pays de la même façon. Ils s'associent pour essayer de défendre leurs **idées** ou de les mettre en œuvre quand ils ont conquis le pouvoir. Certains partis sont formés de centaines de milliers de membres, d'autres sont plus petits. Mais même les petits peuvent jouer un rôle très important lors d'une élection en s'alliant entre eux ! Quelle que soit leur taille, les partis sont organisés de la même façon.

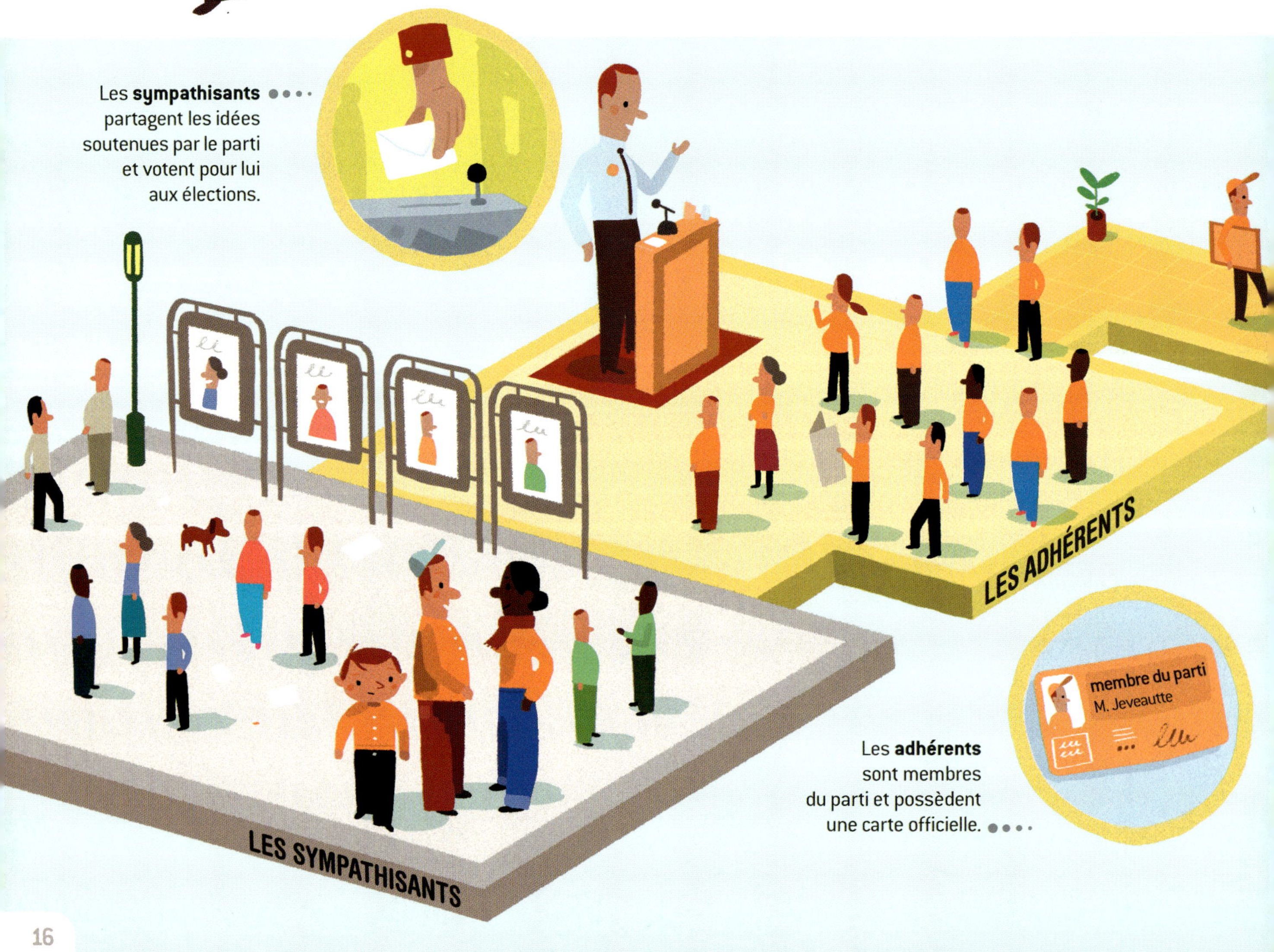

Les **sympathisants** partagent les idées soutenues par le parti et votent pour lui aux élections.

Les **adhérents** sont membres du parti et possèdent une carte officielle.

L'élu le plus important est le président ou le **secrétaire national**. Il dirige le parti et peut devenir chef du gouvernement ou président de la République après une élection.

Chaque élu aura la responsabilité d'un **domaine** selon sa **compétence** : questions économiques, culturelles, sportives...

Chaque année, les **responsables régionaux** se réunissent et élisent les responsables de la **direction nationale**.

Les militants participent aux **réunions** pour discuter de la meilleure manière de faire avancer les idées du parti.

Les militants distribuent des **tracts** dans la rue et sur les marchés.

Très régulièrement, les **militants** choisissent leurs représentants au niveau local, lors des élections municipales par exemple, ou au niveau national, lors des élections législatives (députés).

Ils **manifestent** quand ils ne sont pas contents d'une décision prise par le gouvernement.

Ils jouent un rôle actif lors des **campagnes électorales** en collant des affiches ou en participant à l'organisation des meetings (location de salle, accueil du public...).

les élections

Dans une **démocratie**, les citoyens sont régulièrement invités à **voter** pour désigner la personne qui va diriger leur ville, leur région ou leur pays. C'est un acte important car les élus auront beaucoup de pouvoir pendant plusieurs années. **Qui a le droit de voter ?** Cela dépend des pays et des élections. En général, il faut être majeur et inscrit sur les listes électorales. Dans certains États, les étrangers peuvent même voter aux élections locales. Dans tous les cas, il y a des **règles à respecter** pour que le vote soit comptabilisé.

QUI SERA ÉLU DÉPUTÉ ?

3 JULIETTE GLISSE SON VOTE DANS UNE **URNE** TRANSPARENTE. PERSONNE N'A LE DROIT DE TOUCHER SON ENVELOPPE.
4 PUIS ELLE SIGNE LE **REGISTRE** OÙ FIGURENT LES NOMS DE TOUS LES ÉLECTEURS. UN BON MOYEN POUR VÉRIFIER QUE L'ON NE PARTICIPE PAS DEUX FOIS À LA MÊME ÉLECTION !
5 À LA FIN DE LA JOURNÉE, LE **PRÉSIDENT DU BUREAU** ET QUELQUES VOLONTAIRES DÉPOUILLENT LES BULLETINS. LES **RÉSULTATS DES VOTES** SONT RENDUS PUBLICS PUIS TRANSMIS À UN BUREAU PLUS IMPORTANT QUI CENTRALISE TOUS CEUX DE LA VILLE.
6 AUCUN CANDIDAT N'A OBTENU PLUS DE 50% DES VOIX, IL FAUT ORGANISER UN **SECOND TOUR** ENTRE LES DEUX MEILLEURS.
7 AU SECOND TOUR, C'EST MARTIN LÉVRIER QUI A OBTENU LE PLUS DE VOIX. ÉLU POUR CINQ ANS, IL VA **REPRÉSENTER SES ÉLECTEURS** À L'ASSEMBLÉE NATIONALE !

le budget de l'État

Pour mener à bien ses nombreuses missions (éducation, défense, justice...), l'État **collecte des impôts**. Il faut en effet payer le salaire de **millions de fonctionnaires**, les former, bâtir des hôpitaux, des tribunaux, des universités ou des casernes, les équiper et les entretenir. Les besoins sont énormes et les **milliards d'euros** récoltés grâce aux différents impôts ne sont même plus suffisants. Alors il ne s'agit pas de jeter l'argent par les fenêtres !

RECETTES

L'argent récolté par l'État (les recettes) provient principalement des impôts. Une partie est payée par les citoyens et l'autre par les entreprises.

50 % des recettes de l'État proviennent de la **taxe sur la valeur ajoutée.** Intégrée au prix, la **TVA** est payée par le consommateur sur chaque achat. Son taux varie selon les produits ou les services.

Sur un jean à 50 €, la TVA (19,6 % du prix) s'élève à 8 €.

Sur un livre à 23 €, la TVA (7 % du prix) s'élève à 1,50 €.

20 % proviennent de **l'impôt sur le revenu.** Cet impôt est calculé sur l'argent que l'on gagne par notre travail. Certains en paient beaucoup car ils ont de gros revenus, d'autres moins, et la moitié des Français, pas du tout.

20 % proviennent de **l'impôt sur les sociétés.** Cet impôt est calculé sur les bénéfices des entreprises : ce qu'elles gagnent après avoir payé les charges (salaires, fournitures, loyers...).

10 % proviennent des **taxes spécifiques** sur l'alcool, le tabac, les jeux d'argent ou l'essence.

Tout cet argent est géré par le gouvernement qui le répartit en fonction de ses priorités.

RÉPARTITION

Chaque **ministre** demande plus d'argent pour mener à bien des réformes : moderniser les prisons par exemple ou engager des éducateurs pour s'occuper des quartiers difficiles.

Quand tout le monde est d'accord, le **budget** est présenté aux **parlementaires** qui doivent donner leur autorisation.

Les dépenses ne cessent d'augmenter. Le gouvernement doit essayer de les maîtriser.

DÉPENSES

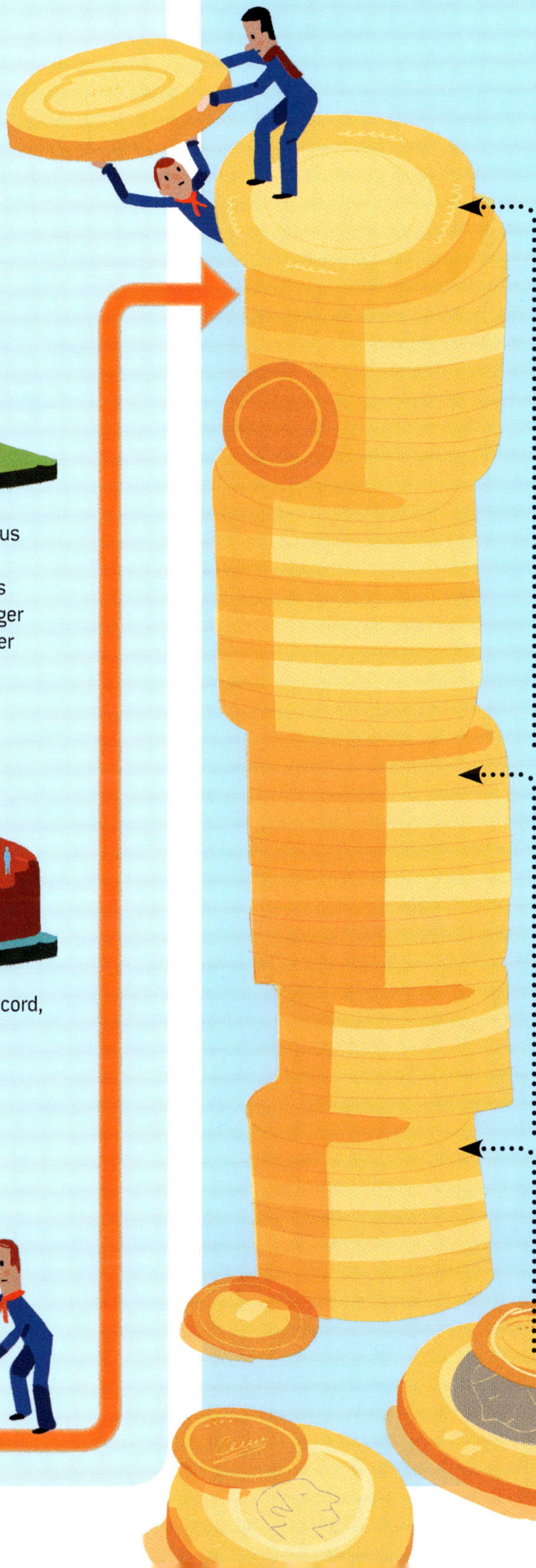

50 % du budget est consacré aux dépenses de personnel (professeurs, militaires, policiers...) et à l'équipement des administrations.

35 % du budget sert à payer les aides pour l'emploi, les familles, les subventions pour les collectivités locales.

15 % du budget est utilisé pour rembourser les dettes de l'État.

Quelques exemples de dépenses.

la construction d'un nouvel hôpital

l'entretien des routes

l'équipement informatique des tribunaux

l'achat de nouveaux avions de chasse

le salaire des professeurs et des chercheurs

COMPRENDRE COMMENT ÇA MARCHE...

la justice

La justice veille au respect des **lois** et garantit le droit de chacun. Elle protège les intérêts de chaque personne et ceux de la société. Son but est de permettre à tout le monde de vivre ensemble en paix. La justice est rendue par **différents magistrats** dans des **tribunaux** spécialisés chargés de régler les conflits ou de punir les actes illégaux : on ne doit pas sanctionner de la même manière un voleur de pommes et un assassin !

JUSTICE CIVILE

Elle règle les problèmes entre les particuliers et les conflits professionnels (licenciements, faillites...).

PLAINTE

Chantal estime qu'elle est la seule à entretenir la haie qui sépare son jardin de celui de **Lucien**.

Sarah est renvoyée sans raison valable par son entreprise.

M. Servignat n'a pas été payé par la **société Gesco** pour sa livraison de fuel.

PROCÈS

Chantal saisit le **tribunal d'instance**.

Sarah fait appel au **conseil des prud'hommes** qui règle les problèmes entre employeurs et employés.

M. Servignat attaque la société Gesco devant le **tribunal de commerce**.

VERDICT

Lucien est condamné à **rembourser** 2 000 € à **Chantal**.

Les juges exigent que l'entreprise **verse** une année de salaire à **Sarah**.

Gesco doit **payer** à M. Servignat le prix du fuel plus une **amende**.

JUSTICE PÉNALE

Elle juge les personnes soupçonnées d'avoir commis un acte contraire aux lois. Selon sa gravité, on parle de contravention (excès de vitesse, tapage nocturne...), de délit (vol, coups et blessures...) ou de crime (meurtre, viol...).

Luc n'a pas payé ses excès de vitesse depuis 2 ans.

Emmanuel a volé un camion rempli d'ordinateurs.

Pierrot a tué son frère lors d'une bagarre après avoir trop bu.

Luc est convoqué par le **tribunal de police**.

L'affaire d' Emmanuel est jugée par le **tribunal correctionnel**.

Pierrot est envoyé devant la **cour d'assises**.

Luc doit **verser** une amende de 4 000 €.

Emmanuel est **condamné** à 6 mois de prison.

Pierrot est **condamné** à 15 ans de prison.

JUSTICE ADMINISTRATIVE

Elle est compétente pour les litiges entre les citoyens et une personne publique (administration, mairie...) ou entre administrations.

Jean considère qu'il a payé trop de taxes à la suite d'une erreur du service des impôts.

Les maires de Versailles et de Buc ont financé la construction d'un gymnase mais ils ne sont pas d'accord sur son utilisation.

La plainte de **Jean** est examinée par le **tribunal administratif**.

L'affaire est portée devant le **tribunal administratif**.

Les juges estiment que ces taxes sont normales : **Jean** doit les **payer** et verser en plus une **amende** pour le retard.

Les enfants de **Versailles** auront accès au gymnase le lundi, le mardi et le jeudi et ceux de **Buc** le reste de la semaine.

la loi

Les lois sont les **textes officiels** qui présentent les **droits** et les **devoirs** de chaque **citoyen**. Elles leur permettent de s'organiser et de vivre ensemble sans trop de problèmes. Elles sont rassemblées dans des livres, comme le **Code civil** ou le **Code pénal**, et s'appliquent à tous de la même façon. Chaque année, de nouvelles lois sont **votées** par les représentants du peuple, les députés et les sénateurs, en France. Mais comment naissent ces textes de loi ?

UN LONG PARCOURS

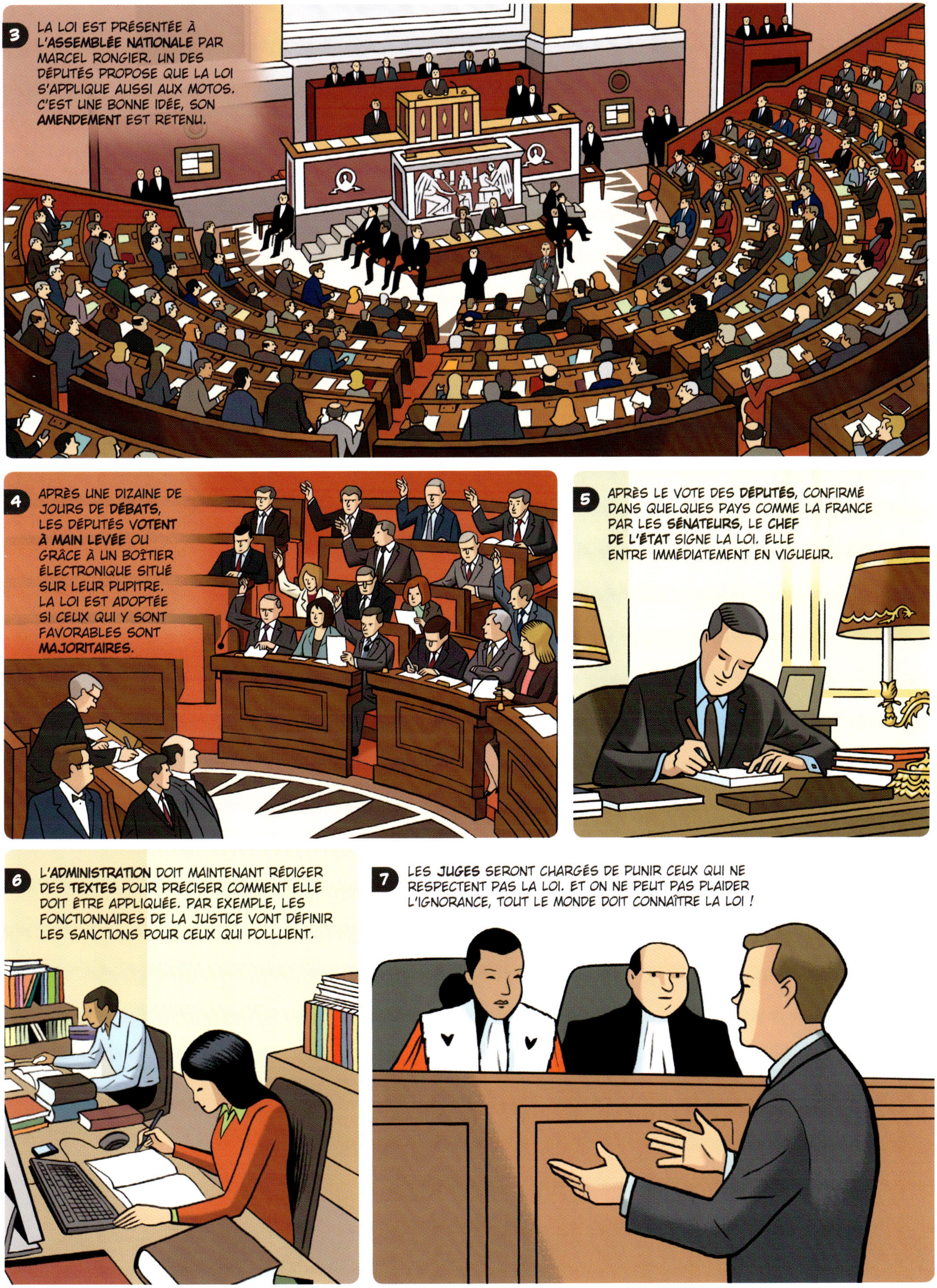
3
LA LOI EST PRÉSENTÉE À L'ASSEMBLÉE NATIONALE PAR MARCEL RONGIER. UN DES DÉPUTÉS PROPOSE QUE LA LOI S'APPLIQUE AUSSI AUX MOTOS. C'EST UNE BONNE IDÉE, SON AMENDEMENT EST RETENU.
4
APRÈS UNE DIZAINE DE JOURS DE DÉBATS, LES DÉPUTÉS VOTENT À MAIN LEVÉE OU GRÂCE À UN BOÎTIER ÉLECTRONIQUE SITUÉ SUR LEUR PUPITRE. LA LOI EST ADOPTÉE SI CEUX QUI Y SONT FAVORABLES SONT MAJORITAIRES.
5
APRÈS LE VOTE DES DÉPUTÉS, CONFIRMÉ DANS QUELQUES PAYS COMME LA FRANCE PAR LES SÉNATEURS, LE CHEF DE L'ÉTAT SIGNE LA LOI. ELLE ENTRE IMMÉDIATEMENT EN VIGUEUR.
6
L'ADMINISTRATION DOIT MAINTENANT RÉDIGER DES TEXTES POUR PRÉCISER COMMENT ELLE DOIT ÊTRE APPLIQUÉE. PAR EXEMPLE, LES FONCTIONNAIRES DE LA JUSTICE VONT DÉFINIR LES SANCTIONS POUR CEUX QUI POLLUENT.
7
LES JUGES SERONT CHARGÉS DE PUNIR CEUX QUI NE RESPECTENT PAS LA LOI. ET ON NE PEUT PAS PLAIDER L'IGNORANCE, TOUT LE MONDE DOIT CONNAÎTRE LA LOI !

un procès

Formée de **magistrats** (juges, procureur…) et de **jurés non professionnels**, la **cour d'assises** juge les personnes suspectées de **crimes** (meurtre, viol, vol à main armée…) ou de tentatives de crime. Presque tout le monde peut être juré : il faut simplement être de nationalité française, âgé de plus de 23 ans et inscrit sur les listes électorales. Quand une personne est tirée au sort pour être juré, elle ne peut pas refuser et son employeur doit lui donner des jours de congés pour le procès.

L'AFFAIRE ADAMS

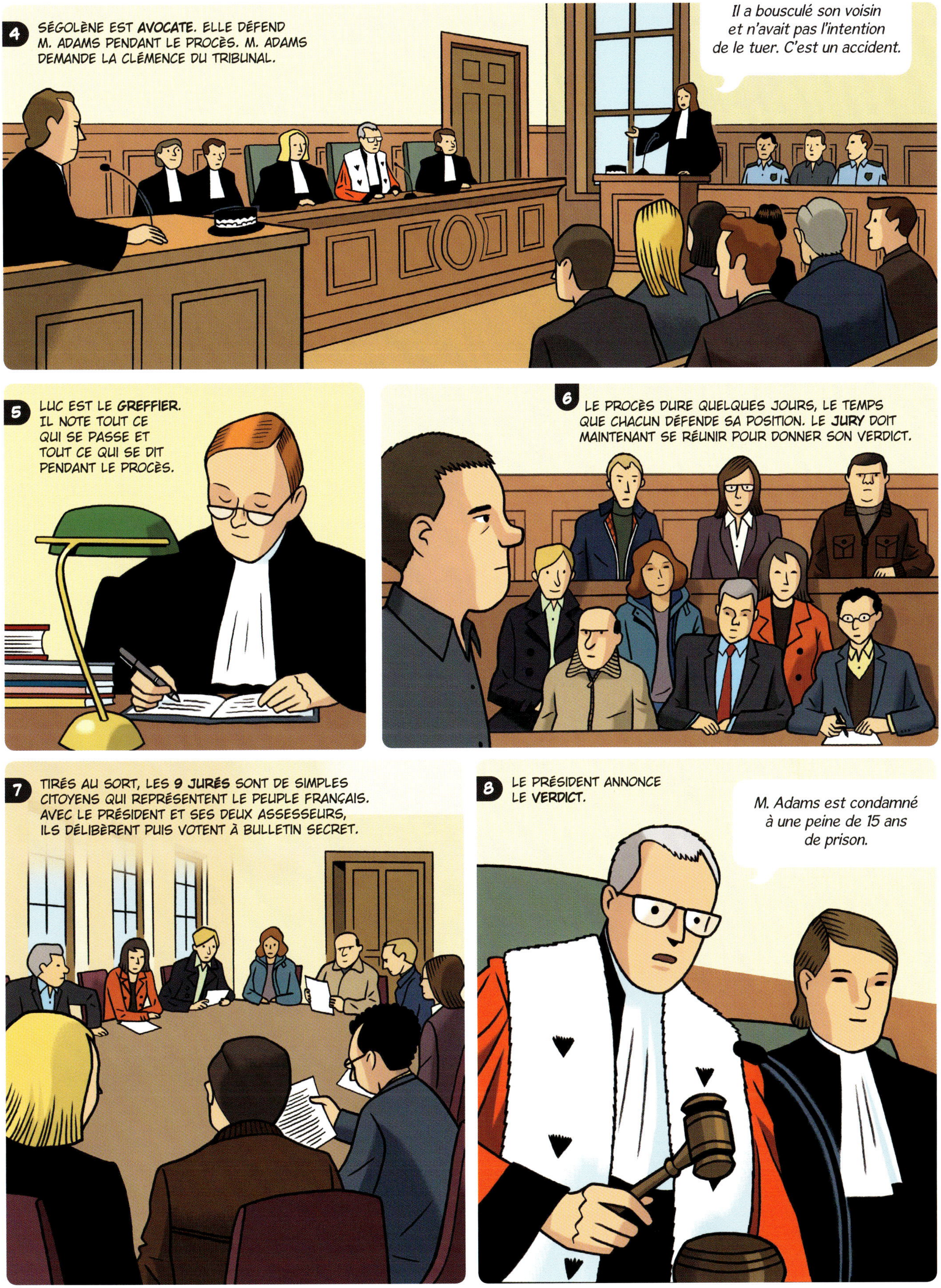
4
SÉGOLÈNE EST AVOCATE. ELLE DÉFEND M. ADAMS PENDANT LE PROCÈS. M. ADAMS DEMANDE LA CLÉMENCE DU TRIBUNAL.
Il a bousculé son voisin et n'avait pas l'intention de le tuer. C'est un accident.
5
LUC EST LE GREFFIER. IL NOTE TOUT CE QUI SE PASSE ET TOUT CE QUI SE DIT PENDANT LE PROCÈS.
6
LE PROCÈS DURE QUELQUES JOURS, LE TEMPS QUE CHACUN DÉFENDE SA POSITION. LE JURY DOIT MAINTENANT SE RÉUNIR POUR DONNER SON VERDICT.
7
TIRÉS AU SORT, LES 9 JURÉS SONT DE SIMPLES CITOYENS QUI REPRÉSENTENT LE PEUPLE FRANÇAIS. AVEC LE PRÉSIDENT ET SES DEUX ASSESSEURS, ILS DÉLIBÈRENT PUIS VOTENT À BULLETIN SECRET.
8
LE PRÉSIDENT ANNONCE LE VERDICT.
M. Adams est condamné à une peine de 15 ans de prison.

l'ONU

Après la Seconde Guerre mondiale, 51 pays ont souhaité construire un monde nouveau, plus juste et plus pacifique. L'Organisation des Nations unies est chargée de résoudre les conflits entre les pays pour maintenir la **paix** et la **sécurité** dans le monde, de développer les relations amicales entre les nations, de favoriser le respect des **droits de l'homme** mais aussi de lutter contre les inégalités et la pauvreté. Un sacré programme, difficile à appliquer !

L'Assemblée générale

Les représentants des **193 États membres** examinent **les problèmes de l'humanité** et votent des **résolutions** : de grandes décisions. Riche ou pauvre, chaque État dispose d'une voix.

Par exemple, l'Assemblée générale appelle les États à lutter contre la dégradation des espèces marines.

Le Conseil économique et social

Il réalise des **études** et fait des recommandations pour faciliter le **développement** économique et social des **États membres**.

Quelques organismes de l'ONU

Ces **agences** sont chargées d'améliorer les conditions de vie dans les États membres.

UNICEF

Le **Fonds des Nations unies pour l'enfance** se bat pour les droits des enfants (santé, éducation, sécurité...).

OMS

L'**Organisation mondiale de la Santé** lutte contre les maladies (campagnes d'information, de vaccinations...).

Le Conseil de sécurité

C'est le **gendarme** de l'ONU. Composé de **15 membres**, il se réunit chaque fois que la paix est menacée. La Chine, les États-Unis, la Russie, la France et le Royaume-Uni sont **membres permanents**. Les 10 autres pays sont élus par l'Assemblée générale pour deux ans.

Par exemple, il peut intervenir militairement avec les casques bleus, sa force armée pour maintenir la paix.

Le secrétaire général

Il organise et coordonne les **actions des organismes** gérés par l'ONU. Il intervient aussi pour tenter d'**apaiser les conflits** entre deux États ou dans un même pays.

Par exemple, le secrétaire général félicite le nouveau président d'un pays pour ses réformes démocratiques.

La Cour internationale de Justice

Elle **règle les problèmes** entre les États qui sont en conflit. Mais ils doivent être d'accord.

Par exemple, deux pays s'opposent depuis des années sur le tracé d'une frontière sans trouver de solution.

Le **Haut-Commissariat aux réfugiés** s'occupe des personnes qui ont dû fuir leur pays.

Le rôle du **Fonds monétaire international** est d'aider les pays pauvres à développer leur économie et à se protéger des crises financières.

L'**Organisation des Nations unies pour l'éducation, la science et la culture** veille par exemple à ce que tous les enfants puissent avoir accès à l'école.

l'Union européenne

En 1957, six pays européens créent la Communauté économique européenne dans le but de maintenir des **relations pacifiques**, d'organiser leurs **échanges** et d'**améliorer la vie** de leurs habitants. Devenue Union européenne en 1992, elle compte désormais 27 États membres. Pour fonctionner, l'Union européenne s'appuie sur quelques **grandes institutions** : le Conseil européen, la Commission européenne, le Conseil de l'Union et le Parlement européen. Ce sont elles qui inspirent, préparent et votent les **lois** qui changent la vie de chacun des habitants des États-membres.

Le Conseil européen

Composé des **présidents** ou **Premiers ministres** des **27 États** et du **président de la Commission européenne**, il se réunit quatre fois par an pour prendre des **grandes décisions**, essentiellement en matière de **politique étrangère**.

La Commission européenne

Composée de **27 commissaires** nommés pour 5 ans, elle fait des **propositions de textes de loi** au Parlement et au Conseil de l'Union. Elle veille aussi à ce qu'elles soient bien appliquées une fois votées.

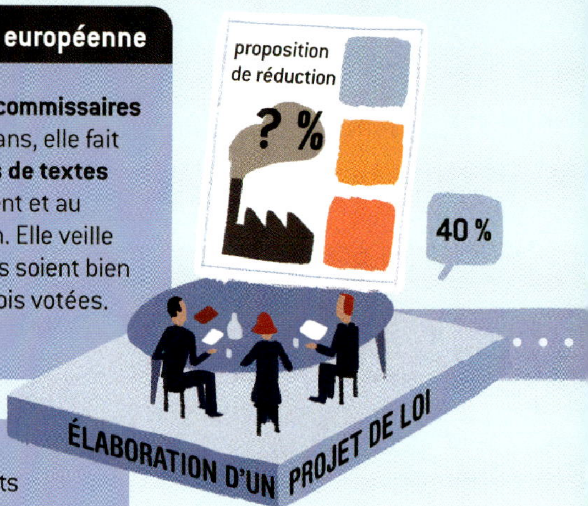

La Commission représente les intérêts de l'**Union européenne.**

Le Conseil de l'Union

Composé de **27 ministres** (1 par pays) et d'un **président** (qui change tous les 6 mois), il vérifie que les lois conviennent aux États et que ceux-ci les adoptent.

Le Conseil représente les intérêts de chaque **État**.

Les **marchandises** peuvent être produites dans un pays et vendues dans les 26 autres États membres. Et il n'y a pas de droit de **douane** à payer.

Les habitants de 17 pays de l'Union européenne utilisent l'**euro**. Cela facilite les **échanges** entre les pays.

La **politique agricole commune** aide les agriculteurs à cultiver des produits de qualité, à prix accessible et en quantité suffisante.

Un **membre** de l'Union européenne peut s'installer, étudier et travailler où il le veut et avec les mêmes **droits** ! Il peut aussi voter pour les élections municipales dans un autre pays de l'UE.

Le parcours d'une loi européenne

Le Parlement européen

Composé de **736 députés élus par les citoyens** de l'Union européenne pour 5 ans, il **vote ou refuse les « lois »** proposées par la Commission européenne.

Le Parlement représente les intérêts des **citoyens.**

❺ La loi sera appliquée dans les pays membres de l'Union européenne, limitant la pollution des usines à 30 %.

le commerce équitable

Vêtements, alimentation, fournitures scolaires ou meubles, on peut aujourd'hui acheter **toutes sortes de produits équitables**! Dans les rayons des magasins, ils se repèrent à leur **étiquette officielle** « commerce équitable ». Apparu vers 1960 mais en forte progression depuis quelques années, ce **système d'échanges** est simple, malin et rentable. Tout le monde y gagne : le producteur, le vendeur, le consommateur et même la planète !

François est membre de l'**agence indépendante** Peter Decroy, qui décerne le **label** « commerce équitable ».

Il vérifie que l'importateur assure des **revenus corrects** au producteur.

Il certifie que le producteur fournit un **produit de qualité.**

Il accepte d'investir une partie de ses bénéfices pour le **développement local** (école, hôpital, route...).

Il mène des **actions de communication** pour faire connaître les produits équitables.

Il offre un **bon prix**, réglé à l'avance, pour que le producteur puisse investir dans une nouvelle machine agricole par exemple.

Jules achète le café qui porte l'étiquette « commerce équitable » : il est un peu plus cher car il est **certifié** et le producteur est mieux payé. Mais il est **meilleur** car il est cultivé sans excès de produits chimiques.

COMPRENDRE COMMENT ÇA MARCHE...

une ville

une mairie

Pour devenir maire, il faut avoir 18 ans, payer des impôts dans sa commune et, plus difficile, être élu par les électeurs ! En France, **les élections** ont lieu tous les cinq ans. Le maire joue trois rôles principaux : il est le représentant de **l'État** dans sa commune, il dirige les **services municipaux** qui font fonctionner la ville et il préside le **conseil municipal** qui se réunit régulièrement pour voter les grandes décisions. Tu peux y assister, mais pas intervenir dans les débats.

Le maire prépare avec ses collaborateurs les réunions du **conseil municipal**. Après les votes, il fait appliquer ses décisions.

Président du conseil municipal

Si une majorité des membres du conseil décide de bâtir un **stade**, le maire doit le faire construire.

Si le maire veut organiser un **festival de bande dessinée** et utiliser une partie de l'argent de la ville pour inviter les auteurs, il doit obtenir l'accord du conseil.

Aucun **immeuble** ou **maison** ne peut être construit sans l'accord du maire.

La mairie est propriétaire des **écoles** de la commune, elle doit assurer l'entretien et les travaux si nécessaire.

Chef des services municipaux

Le maire et ses équipes sont responsables de **l'entretien de la ville**. Si un trottoir est abîmé, le service technique de la mairie doit intervenir.

Les agents communaux s'occupent des **jardins publics,** des pelouses et des arbres.

Représentant de l'État

Le maire célèbre les **mariages** des habitants de sa ville. Mais comme il a beaucoup de travail, souvent, ses adjoints le remplacent.

Le maire doit assurer l'ordre et la sécurité. Si ton voisin joue de la trompette à 2 heures du matin, c'est sa **police municipale** qui intervient.

Le maire est officier d'**état civil**. Cela veut dire qu'il fait enregistrer par ses services chaque naissance et chaque décès survenus dans sa commune.

une école

Sept millions d'enfants fréquentent l'école primaire en France et tout doit être fait pour les accueillir dans les meilleures conditions chaque jour de la semaine. Il est donc important de réfléchir à l'**organisation** des classes, aux relations entre les parents et les professeurs mais aussi aux moments de **détente** des enfants ou à la **cantine**. Le **conseil d'école**, qui réunit tous les partenaires du système éducatif, est un moment important pour débattre de toutes ces questions.

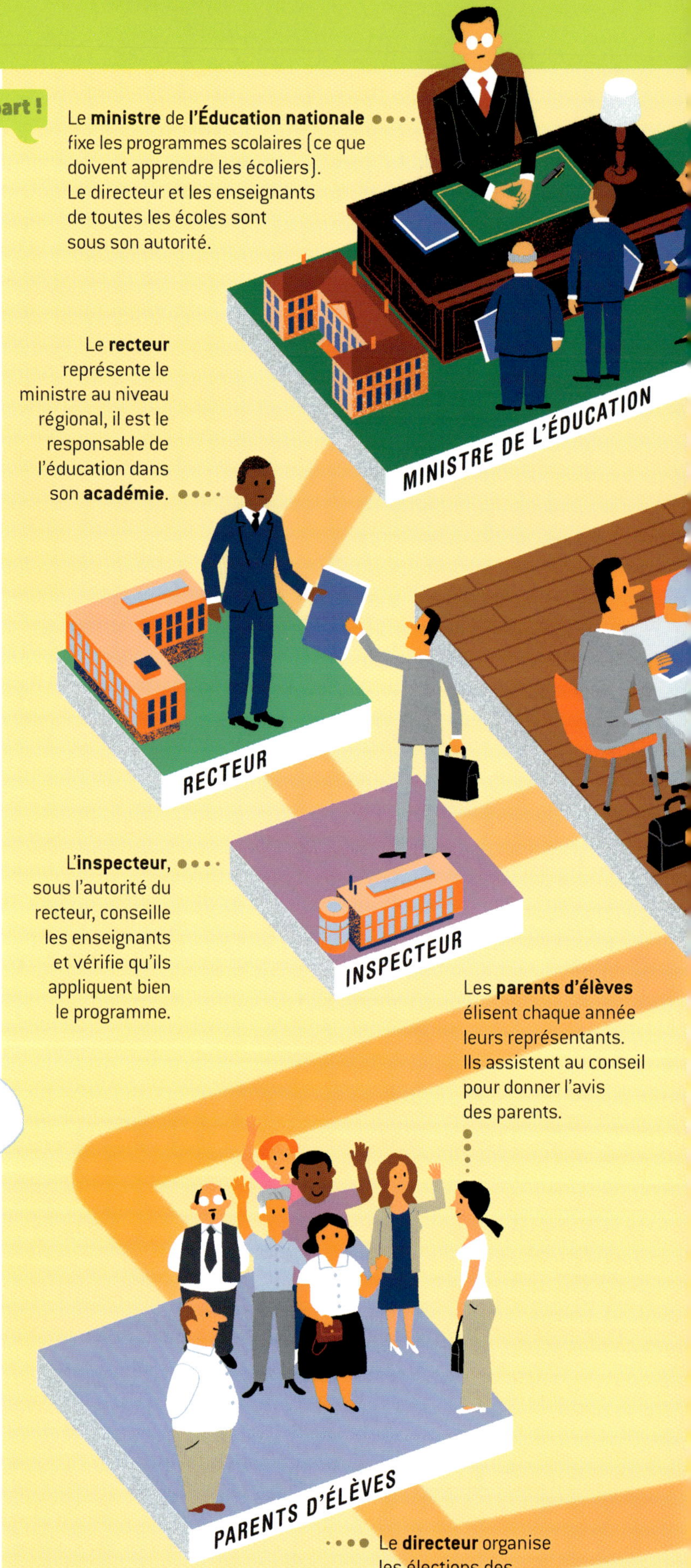

Le **ministre** de **l'Éducation nationale** fixe les programmes scolaires (ce que doivent apprendre les écoliers). Le directeur et les enseignants de toutes les écoles sont sous son autorité.

Le **recteur** représente le ministre au niveau régional, il est le responsable de l'éducation dans son **académie**.

L'**inspecteur**, sous l'autorité du recteur, conseille les enseignants et vérifie qu'ils appliquent bien le programme.

Les **parents d'élèves** élisent chaque année leurs représentants. Ils assistent au conseil pour donner l'avis des parents.

Le **directeur** organise les élections des parents d'élèves.

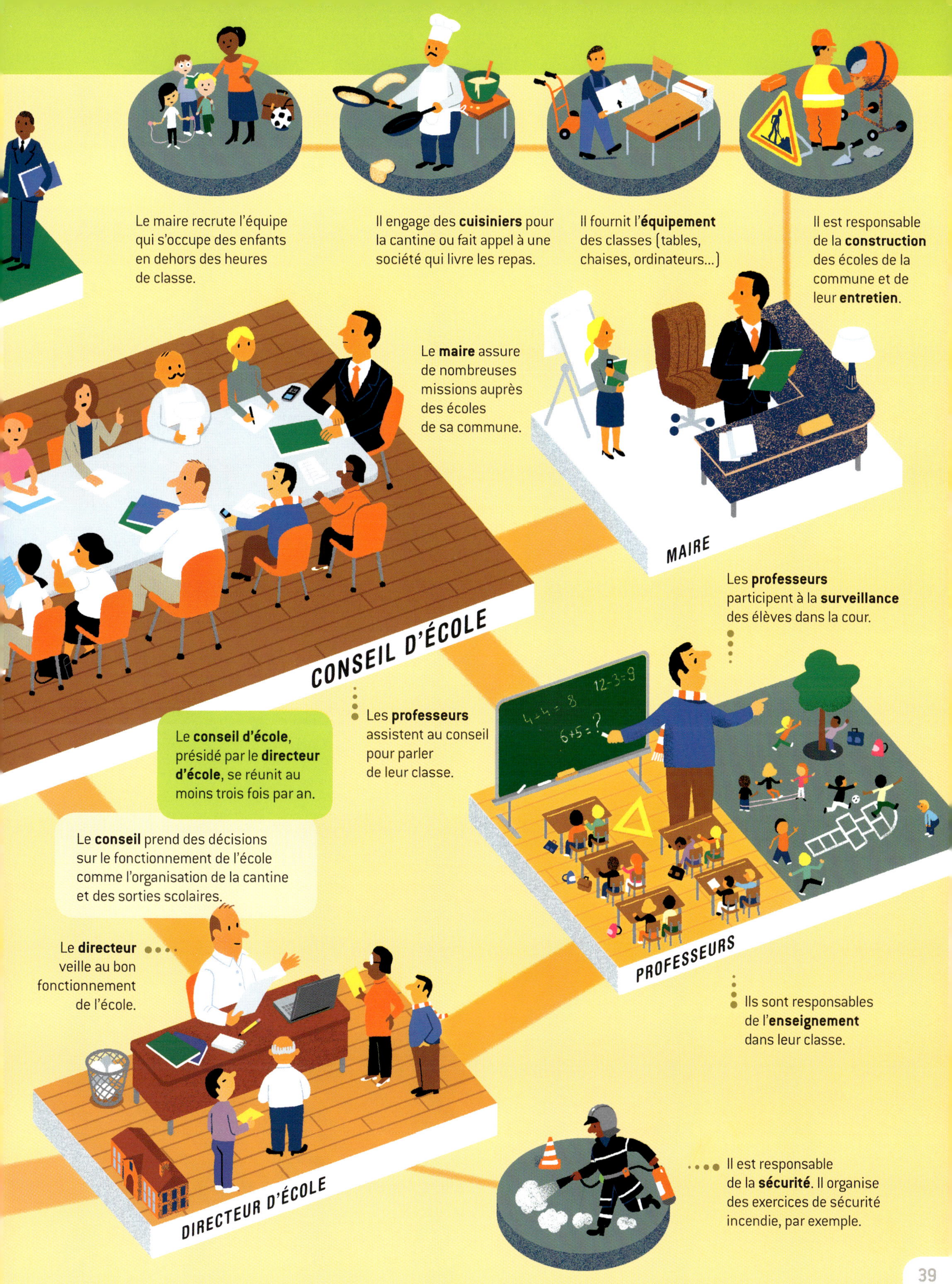

Le maire recrute l'équipe qui s'occupe des enfants en dehors des heures de classe.

Il engage des **cuisiniers** pour la cantine ou fait appel à une société qui livre les repas.

Il fournit l'**équipement** des classes (tables, chaises, ordinateurs...)

Il est responsable de la **construction** des écoles de la commune et de leur **entretien**.

Le **maire** assure de nombreuses missions auprès des écoles de sa commune.

Les **professeurs** participent à la **surveillance** des élèves dans la cour.

Les **professeurs** assistent au conseil pour parler de leur classe.

Le **conseil d'école**, présidé par le **directeur d'école**, se réunit au moins trois fois par an.

Le **conseil** prend des décisions sur le fonctionnement de l'école comme l'organisation de la cantine et des sorties scolaires.

Le **directeur** veille au bon fonctionnement de l'école.

Ils sont responsables de l'**enseignement** dans leur classe.

Il est responsable de la **sécurité**. Il organise des exercices de sécurité incendie, par exemple.

la poste

Les courriers électroniques sont de plus en plus nombreux, mais le **service postal** a encore de beaux jours devant lui ! Tout le monde n'a pas un ordinateur, beaucoup de personnes préfèrent envoyer des **lettres** ou des **cartes postales** plutôt que des e-mails. Si le tarif des **timbres** n'est pas le même dans tous les pays, le parcours d'une lettre, lui, reste globalement identique.

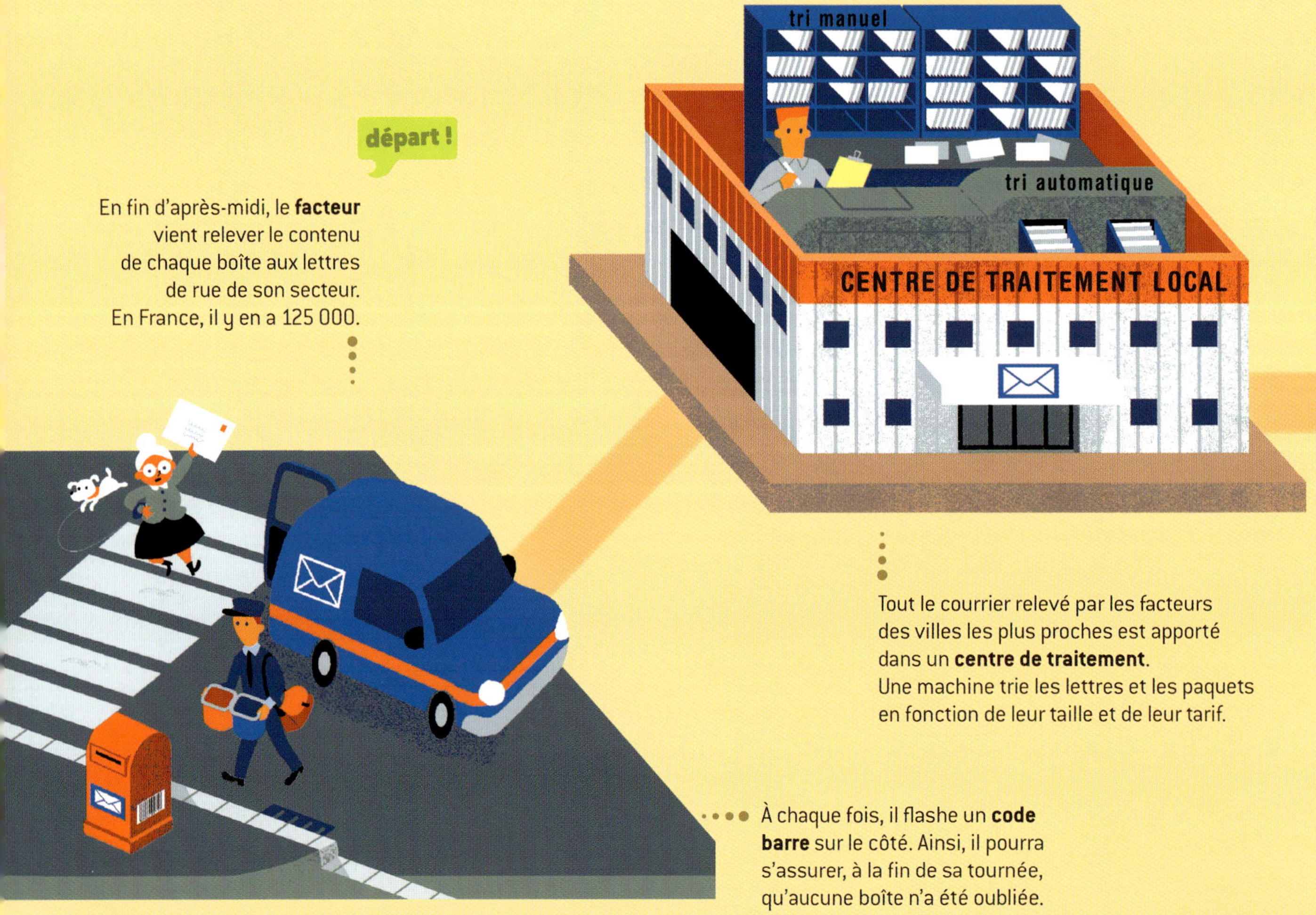

départ !

En fin d'après-midi, le **facteur** vient relever le contenu de chaque boîte aux lettres de rue de son secteur. En France, il y en a 125 000.

Tout le courrier relevé par les facteurs des villes les plus proches est apporté dans un **centre de traitement**. Une machine trie les lettres et les paquets en fonction de leur taille et de leur tarif.

À chaque fois, il flashe un **code barre** sur le côté. Ainsi, il pourra s'assurer, à la fin de sa tournée, qu'aucune boîte n'a été oubliée.

Dans la soirée, le courrier part dans un autre **centre de tri** où d'autres machines automatiques répartissent les lettres en fonction de leur destination (départements, régions, pays). Si l'adresse est mal ou pas assez lisiblement écrite, ce tri doit se faire à la main.

Le **transport** du courrier vers les différents centres de distributions locaux se fait pendant la nuit en train, en camion ou en avion.

Dans les **centres de distribution**, l'ensemble des courriers en provenance de France ou des pays étrangers est classé par codes postaux, communes et quartiers.

Après avoir récupéré ces lettres dans la matinée, les facteurs partent les distribuer chez les particuliers de leur secteur. Leur **tournée** se déroule selon les cas à pied, en vélo, en moto ou en voiture.

une intervention des pompiers

Il y a **250 000 pompiers** en France : 80 % sont des **volontaires** qui exercent un autre métier mais répondent à l'appel en cas d'urgence et 20 % sont des **professionnels** (à Paris et à Marseille, ce sont des militaires). Quel que soit leur statut, les pompiers sont entraînés à **combattre les incendies**. Toutefois, les feux représentent **moins de 10 %** de leurs interventions. Heureusement, les pompiers sont efficaces dans bien des situations. Comment font-ils pour intervenir aussi vite ?

ALLÔ, LES POMPIERS ?

4
IL A BESOIN D'UNE AMBULANCE ET DE DEUX SECOURISTES. IL INTERROGE UN **LOGICIEL** QUI RÉPOND AUTOMATIQUEMENT À SA DEMANDE.

5
DANS UNE AUTRE CASERNE, **L'ÉQUIPE DE POMPIERS** DISPONIBLE EST PRÉVENUE PAR UN "SIGNAL" QUI DONNE PAR ÉCRIT L'ADRESSE ET LE TYPE D'INTERVENTION.

6
6 MINUTES PLUS TARD, DEUX POMPIERS ARRIVENT AUPRÈS DE MARIE. IL FAUT L'EMMENER DANS L'**HÔPITAL** LE PLUS PROCHE CAR ELLE A LE BRAS CASSÉ !

7
SUR SON **ÉCRAN**, YVES SAIT QUE LE VÉHICULE ET LES DEUX SECOURISTES SONT À NOUVEAU OPÉRATIONNELS. ENTRETEMPS, UN INCENDIE S'EST DÉCLARÉ DANS UNE FABRIQUE DE PEINTURE.

8
YVES INTERROGE À NOUVEAU LE **LOGICIEL**. CETTE FOIS, CE SONT SIX POMPIERS QUI PARTENT DE LA CASERNE AVEC UN FOURGON. MAIS SES 6 000 LITRES NE VONT PAS SUFFIRE, IL VA FALLOIR ENVOYER UN AUTRE CAMION.

ZOOM SUR... les feux de forêt

Le feu a pris dans une forêt du Portugal. Les pompiers locaux, les *bombeiros*, doivent intervenir de toute urgence. Chaque seconde compte car l'incendie peut embraser des hectares en quelques minutes !

Avec son appareil émetteur-récepteur, le **chef de groupe** « feux de forêt » coordonne l'action de ses camarades au sol et l'arrivée des **moyens aériens**. Il donne ses ordres sur une fréquence radio réservée aux pompiers.

Quand les pompiers s'approchent du feu, la **chaleur** est intense et les **fumées** redoutables. Heureusement, ils sont équipés d'un casque, d'une cagoule, d'une veste et d'un pantalon de feu. Mais gare à la **déshydratation** !

Le relief est accidenté, la végétation est dense, l'accès aux flammes est donc très difficile. Il faut pourtant que je freine l'incendie avant qu'il n'atteigne les habitations.

Le **canadair** intervient en complément ou à la place des pompiers au sol. Il est indispensable pour maîtriser les feux en **terrain difficile**. Cet avion peut remplir sa soute de 5 300 litres d'eau en moins de dix secondes et les déverser en une seconde !

Je suis le porte-lance et je me tiens en retrait. Mon rôle est d'assurer en permanence l'alimentation en eau et de prévoir un chemin de repli.

COMPRENDRE COMMENT ÇA MARCHE...

les urgences d'un hôpital

24 heures sur 24, 365 jours par an, des personnes **blessées** ou **souffrantes** se rendent aux urgences pour y être soignées. Certains de ces services sont parfois **spécialisés**, pour les problèmes cardiaques ou psychiatriques par exemple. Ils sont tous **très fréquentés** et parfois par des gens qui ne sont pas en situation d'urgence. Quand l'**attente** est longue, cela signifie que les équipes médicales sont en train de soigner une personne dont le cas est plus grave que le tien.

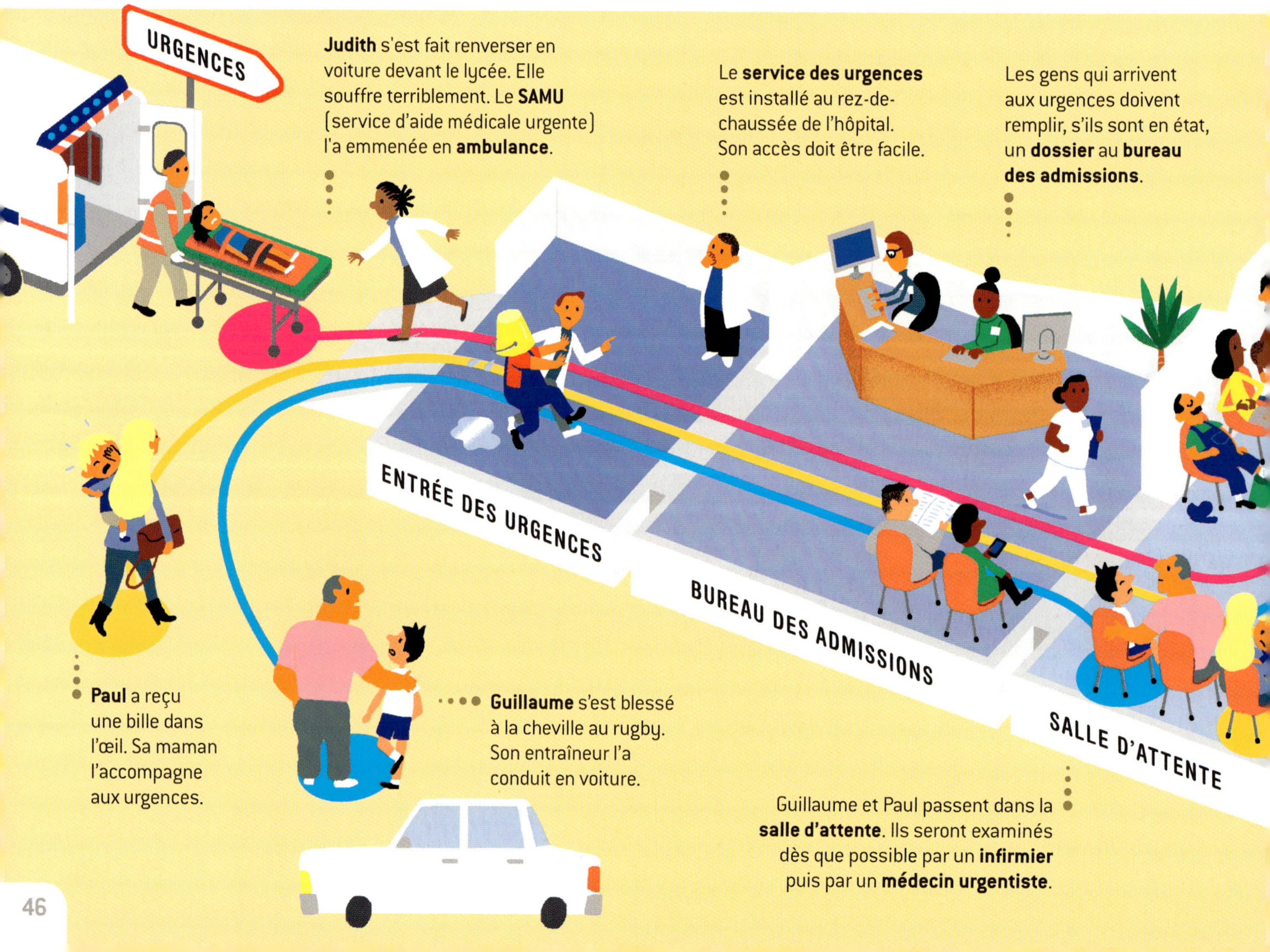

Judith s'est fait renverser en voiture devant le lycée. Elle souffre terriblement. Le **SAMU** (service d'aide médicale urgente) l'a emmenée en **ambulance**.

Le **service des urgences** est installé au rez-de-chaussée de l'hôpital. Son accès doit être facile.

Les gens qui arrivent aux urgences doivent remplir, s'ils sont en état, un **dossier** au **bureau des admissions**.

Paul a reçu une bille dans l'œil. Sa maman l'accompagne aux urgences.

Guillaume s'est blessé à la cheville au rugby. Son entraîneur l'a conduit en voiture.

Guillaume et Paul passent dans la **salle d'attente**. Ils seront examinés dès que possible par un **infirmier** puis par un **médecin urgentiste**.

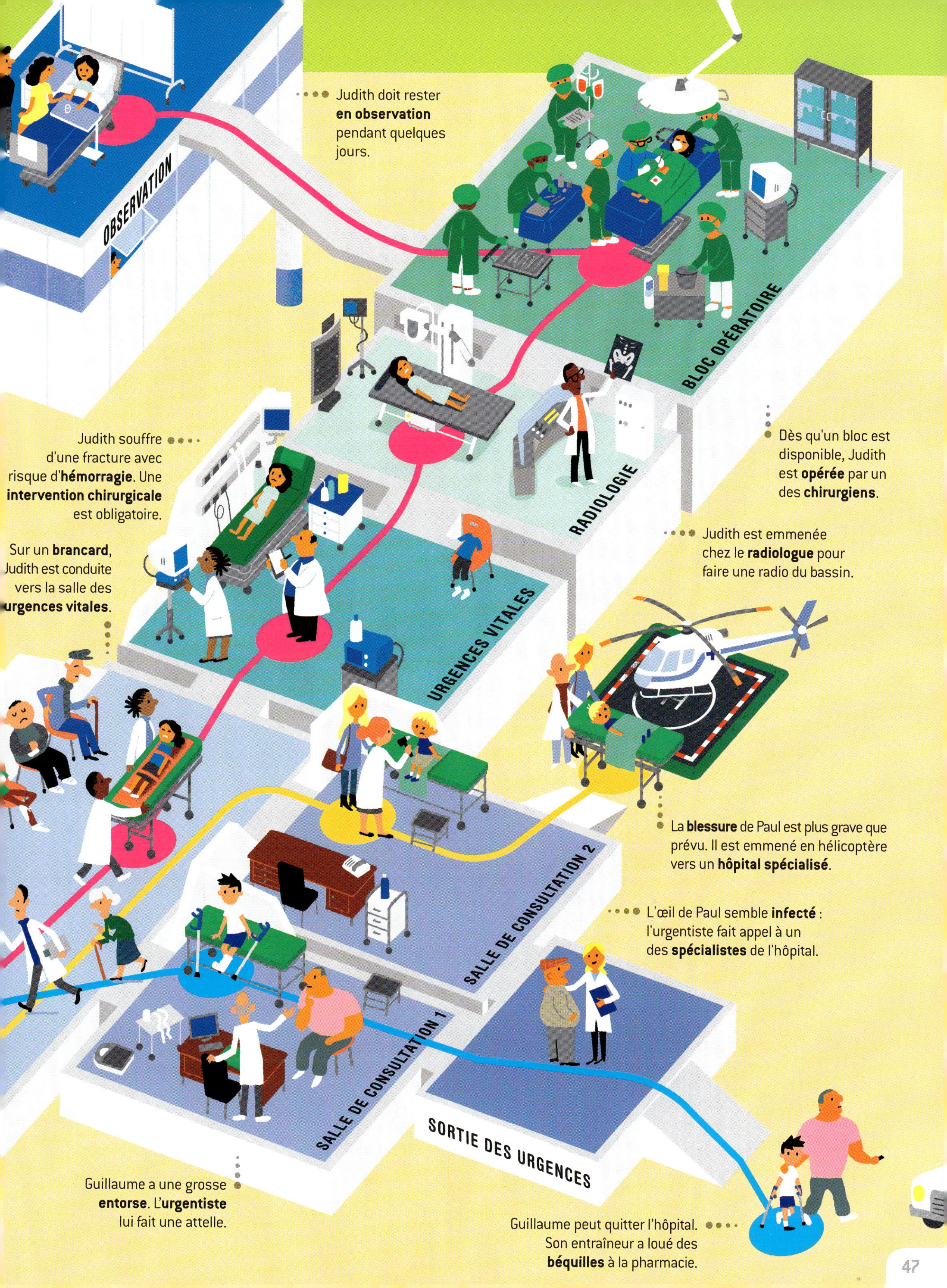

Judith doit rester **en observation** pendant quelques jours.

Judith souffre d'une fracture avec risque d'**hémorragie**. Une **intervention chirurgicale** est obligatoire.

Dès qu'un bloc est disponible, Judith est **opérée** par un des **chirurgiens**.

Judith est emmenée chez le **radiologue** pour faire une radio du bassin.

Sur un **brancard**, Judith est conduite vers la salle des **urgences vitales**.

La **blessure** de Paul est plus grave que prévu. Il est emmené en hélicoptère vers un **hôpital spécialisé**.

L'œil de Paul semble **infecté** : l'urgentiste fait appel à un des **spécialistes** de l'hôpital.

Guillaume a une grosse **entorse**. L'**urgentiste** lui fait une attelle.

Guillaume peut quitter l'hôpital. Son entraîneur a loué des **béquilles** à la pharmacie.

un commissariat

Dans les villes, les policiers ont de **nombreuses missions**. Ils assurent la **protection** des personnes et des lieux, veillent à la **tranquillité** des citoyens et au **maintien de l'ordre** dans les rues. Si tu as un problème de sécurité, il faut appeler le « 17 » : une équipe de policiers arrivera quelques minutes plus tard. Dans un commissariat, tous les policiers sont armés mais tous ne jouent pas le même rôle...

Dans un grand **commissariat**, une vingtaine de **policiers** sont de permanence 24 heures sur 24 (plusieurs équipes se relaient).

Sandrine travaille au service de la **protection de la famille** : elle interroge Constant qui a **frappé** violemment sa fille.

Le policier de garde **accueille** Olivier, qui vient de se faire voler son sac. Il le rassure et lui conseille de **porter plainte**.

Une dizaine de policiers en uniforme **patrouillent** à pied ou en voiture.

Brice s'est fait agresser, on lui a volé son portable. Un policier enregistre la **plaint**

Un scooter a percuté un bus. La patrouille d'Isa et Paul a été appelée pour **constater** l'accident et rétablir la **circulation**.

Karim **traite le dossier** de Jean qu'il a arrêté avec un kilo de **drogue** dans sa voiture.

Le commissariat abrite au moins deux cellules : la **cellule de dégrisement** permet de garder quelques heures les personnes interpellées en **état d'ivresse** dans la rue.

L'autre cellule est utilisée pour placer les suspects, comme Tom, **en garde à vue**.

Une quinzaine de policiers sont spécialisés dans la **lutte contre la criminalité**. Ils interpellent les cambrioleurs, les agresseurs, les trafiquants de drogue.

Olivier et Samuel se lancent à la **poursuite** de deux **gangsters** qui viennent de braquer une bijouterie.

Tom est **suspecté** d'avoir tué son patron. Il va être placé en **garde à vue** pour être interrogé.

Ces policiers circulent dans des voitures **anonymes** et ne portent pas d'uniforme pour surprendre les criminels en **flagrant délit** (au moment où ils passent à l'action).

la police scientifique

Pour **rechercher** et **identifier** les **coupables** ou apporter des **preuves** aux tribunaux, les enquêteurs font de plus en plus appel à des **experts scientifiques**, spécialistes en génétique, en biologie, en physique, en chimie... En **analysant** notamment les différents **prélèvements** réalisés sur les scènes de crime, les victimes ou les suspects, ces experts de la **police scientifique** peuvent aider à **résoudre** des enquêtes en cours ou parfois très anciennes.

LA COMMISSAIRE MÈNE L'ENQUÊTE

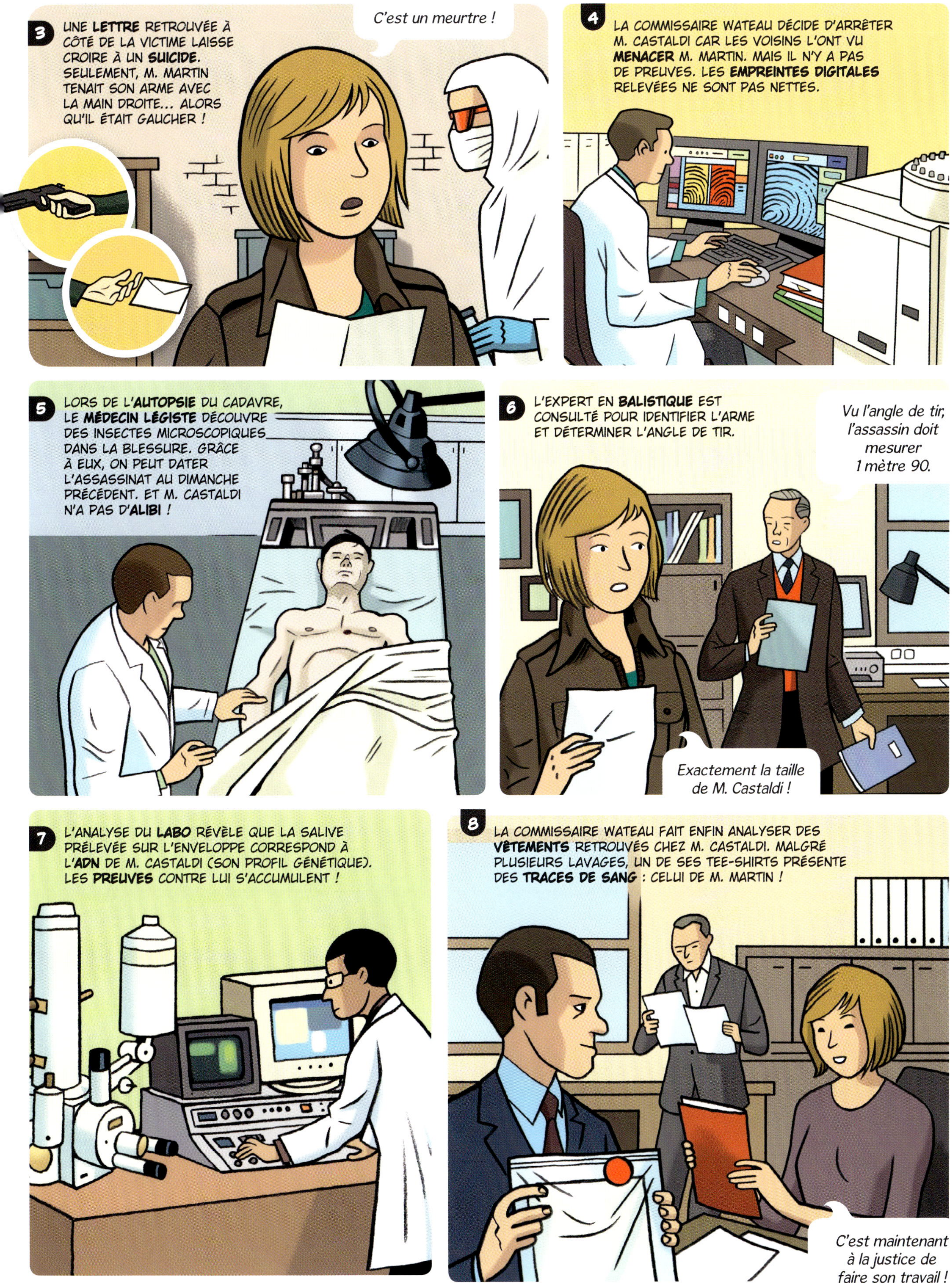
3
UNE **LETTRE** RETROUVÉE À CÔTÉ DE LA VICTIME LAISSE CROIRE À UN **SUICIDE**. SEULEMENT, M. MARTIN TENAIT SON ARME AVEC LA MAIN DROITE… ALORS QU'IL ÉTAIT GAUCHER !
C'est un meurtre !
4
LA COMMISSAIRE WATEAU DÉCIDE D'ARRÊTER M. CASTALDI CAR LES VOISINS L'ONT VU **MENACER** M. MARTIN. MAIS IL N'Y A PAS DE PREUVES. LES **EMPREINTES DIGITALES** RELEVÉES NE SONT PAS NETTES.
5
LORS DE L'**AUTOPSIE** DU CADAVRE, LE **MÉDECIN LÉGISTE** DÉCOUVRE DES INSECTES MICROSCOPIQUES DANS LA BLESSURE. GRÂCE À EUX, ON PEUT DATER L'ASSASSINAT AU DIMANCHE PRÉCÉDENT. ET M. CASTALDI N'A PAS D'**ALIBI** !
6
L'EXPERT EN **BALISTIQUE** EST CONSULTÉ POUR IDENTIFIER L'ARME ET DÉTERMINER L'ANGLE DE TIR.
Vu l'angle de tir, l'assassin doit mesurer 1 mètre 90.
Exactement la taille de M. Castaldi !
7
L'ANALYSE DU **LABO** RÉVÈLE QUE LA SALIVE PRÉLEVÉE SUR L'ENVELOPPE CORRESPOND À L'**ADN** DE M. CASTALDI (SON PROFIL GÉNÉTIQUE). LES **PREUVES** CONTRE LUI S'ACCUMULENT !
8
LA COMMISSAIRE WATEAU FAIT ENFIN ANALYSER DES **VÊTEMENTS** RETROUVÉS CHEZ M. CASTALDI. MALGRÉ PLUSIEURS LAVAGES, UN DE SES TEE-SHIRTS PRÉSENTE DES **TRACES DE SANG** : CELUI DE M. MARTIN !
C'est maintenant à la justice de faire son travail !

l’eau potable

Dans les **pays riches**, il suffit de tourner le robinet pour voir jaillir l’eau **à volonté**. Pourtant, avant d’arriver dans chaque maison, chaque immeuble, l’eau a dû parcourir un **long trajet** et subir différents **traitements**, dans une **station d’épuration**, pour devenir **potable**. Curieusement, l’essentiel de l’eau consommée sert à la toilette, au lavage du linge et à la vaisselle !

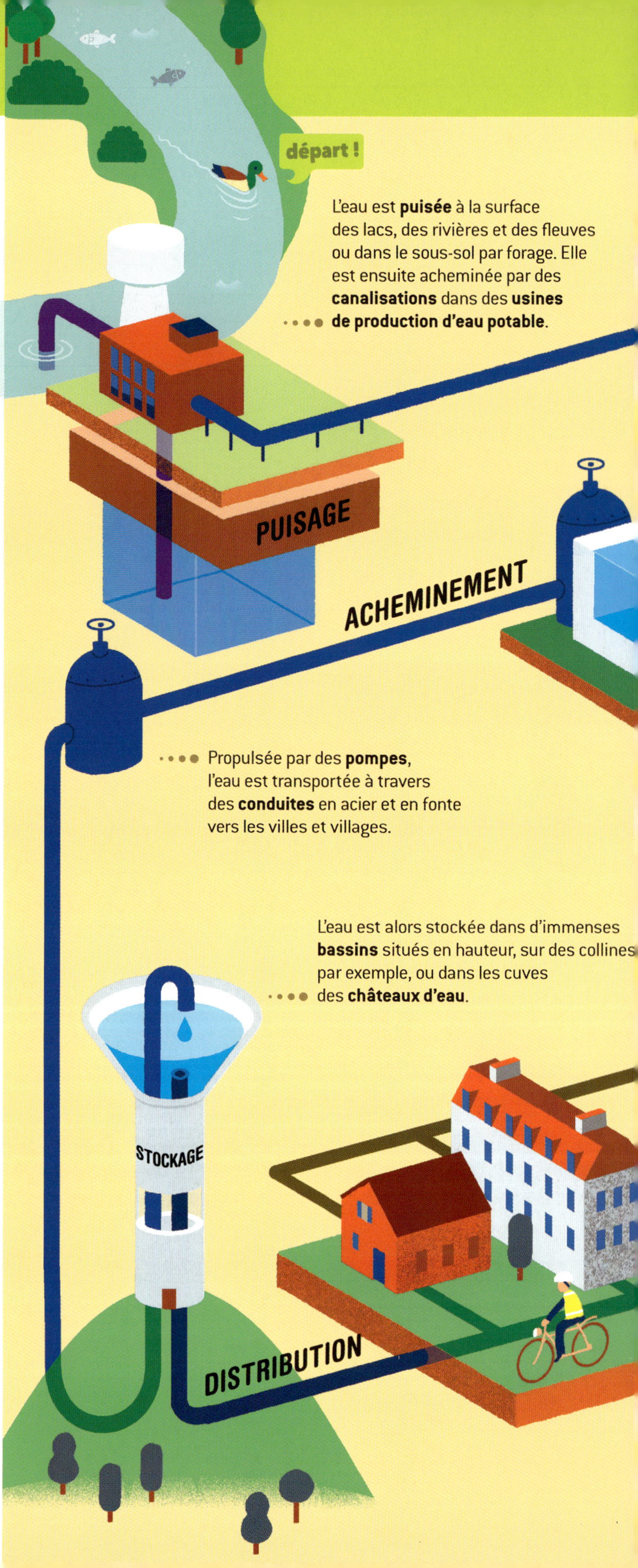

L’eau est **puisée** à la surface des lacs, des rivières et des fleuves ou dans le sous-sol par forage. Elle est ensuite acheminée par des **canalisations** dans des **usines de production d’eau potable**.

Propulsée par des **pompes**, l’eau est transportée à travers des **conduites** en acier et en fonte vers les villes et villages.

L’eau est alors stockée dans d’immenses **bassins** situés en hauteur, sur des collines par exemple, ou dans les cuves des **châteaux d’eau**.

L'eau doit subir plusieurs **traitements** pour devenir potable.

On fait d'abord passer l'eau à travers des **grilles** et des **tamis** pour éliminer les déchets comme les feuilles ou les insectes.

Grâce à un **traitement chimique**, l'eau est débarrassée de ses impuretés qui, ainsi agglutinées, tombent au fond des bassins. 90 % des matières flottantes sont éliminées à cette étape.

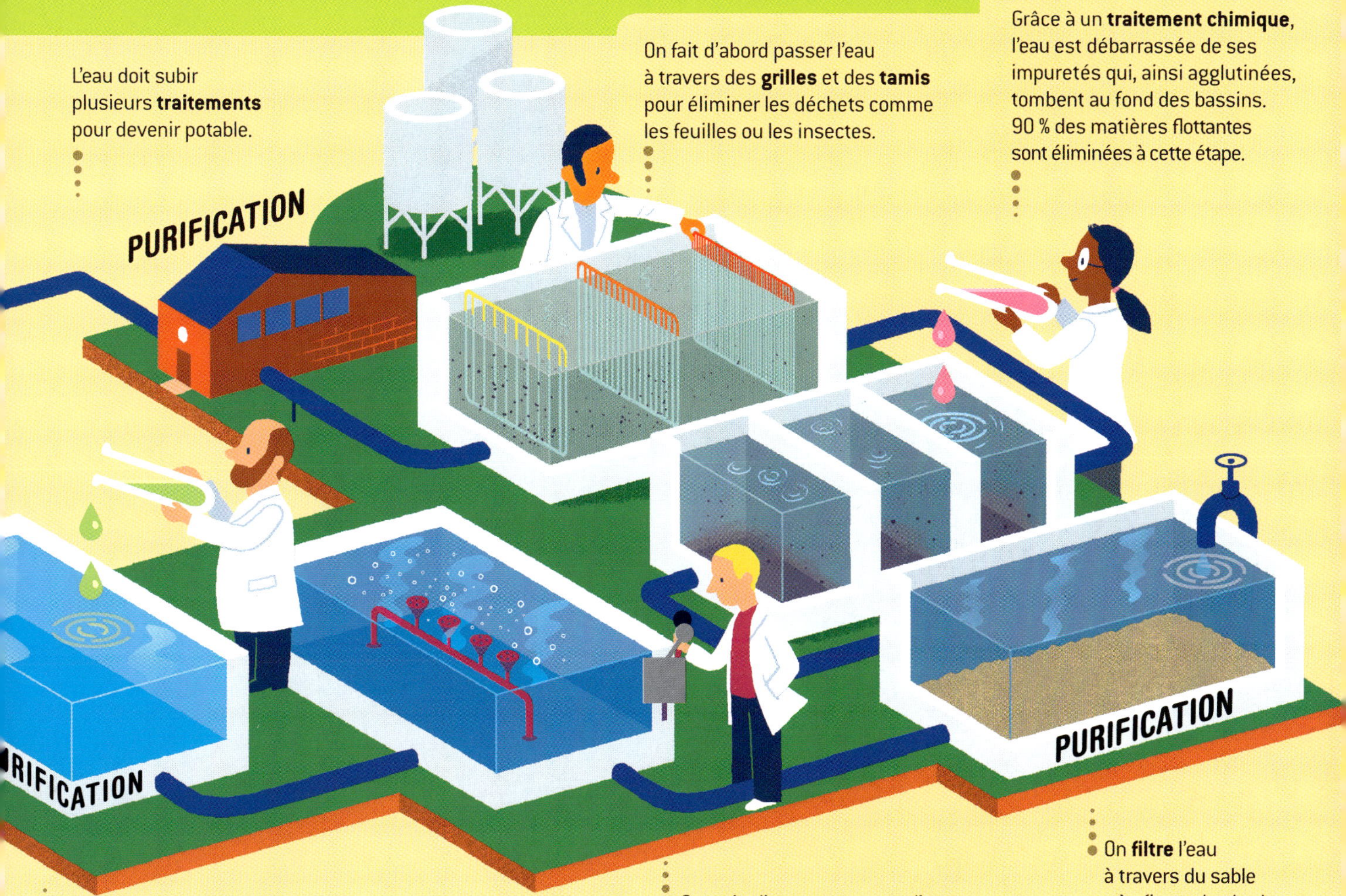

On filtre l'eau à travers du sable très fin ou du charbon.

On traite l'eau avec un gaz, l'**ozone**, qui élimine les virus et les bactéries. C'est à cette étape que **l'eau devient claire et potable**.

Enfin, on ajoute un peu de **chlore** pour empêcher le développement de bactéries dans l'eau lors de son transport.

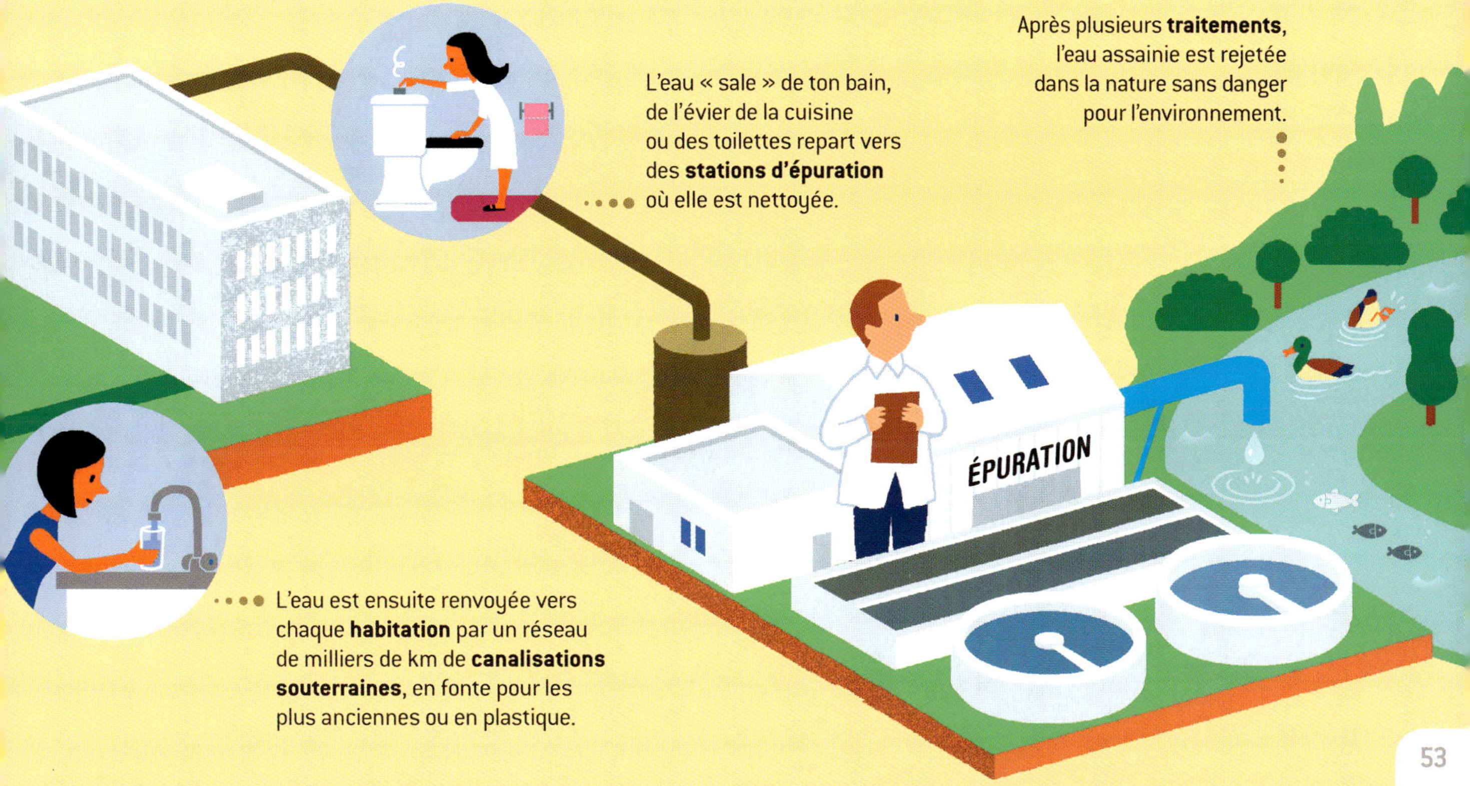

Après plusieurs **traitements**, l'eau assainie est rejetée dans la nature sans danger pour l'environnement.

L'eau « sale » de ton bain, de l'évier de la cuisine ou des toilettes repart vers des **stations d'épuration** où elle est nettoyée.

L'eau est ensuite renvoyée vers chaque **habitation** par un réseau de milliers de km de **canalisations souterraines**, en fonte pour les plus anciennes ou en plastique.

le traitement des déchets

Cartons d'emballage, bouteilles en plastique ou en verre, canettes, ordures ménagères, chaque Français jette près de **600 kg de déchets par an**. Heureusement, depuis quelques années, la **collecte** et le **traitement des déchets** ont été grandement améliorés. Le **recyclage** permet d'économiser les ressources naturelles, puisque les matières premières sont récupérées, et de limiter la quantité de déchets que l'on est obligé d'enfouir. Deux bonnes nouvelles pour la planète !

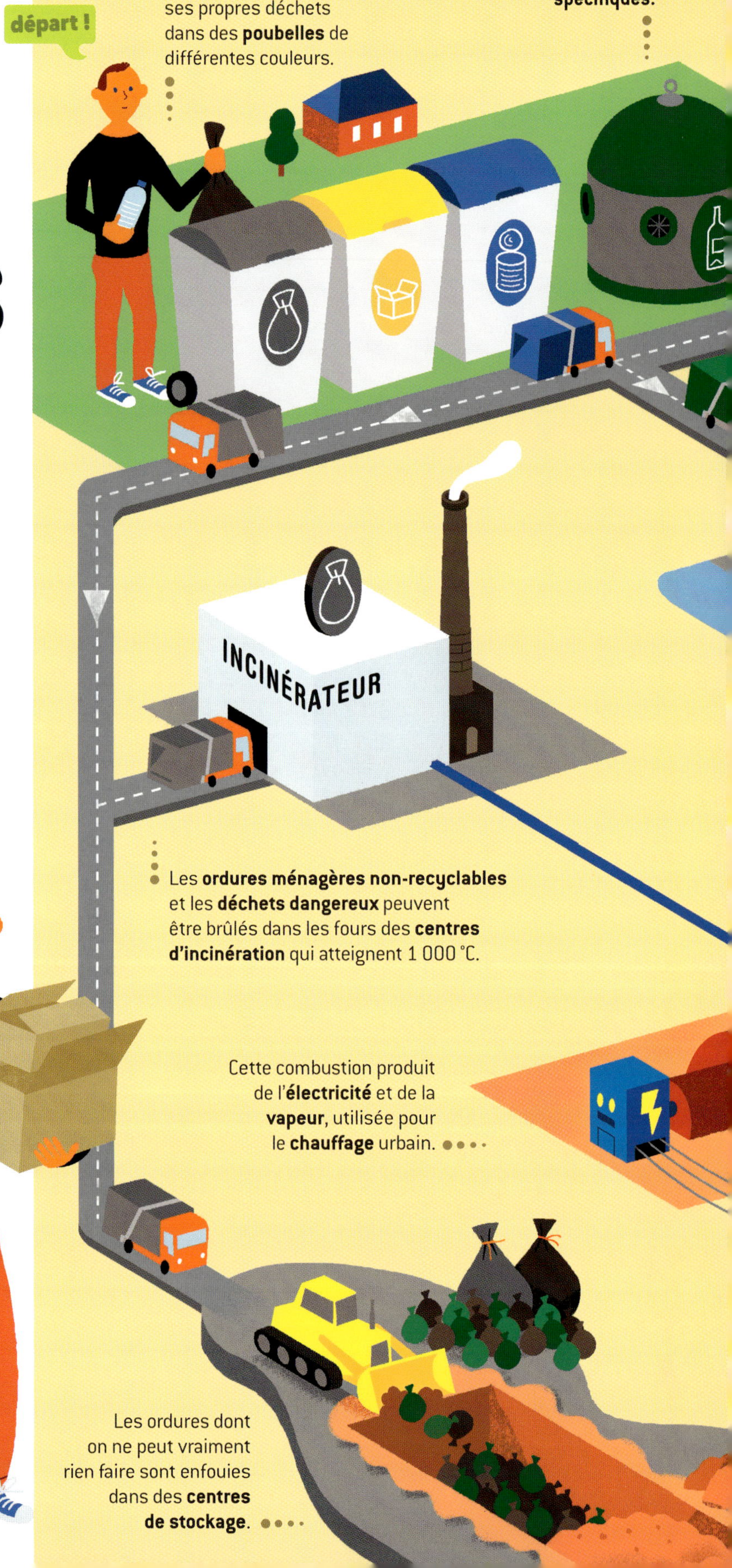

Les **objets toxiques** comme les piles sont recyclés selon un circuit particulier.

Les matériaux sont placés sur des **chaînes** qui les séparent selon leur forme, leur taille et leur poids.

Le **métal** est parfois isolé grâce à de gros aimants.

Les employés trient les autres déchets **à la main**.

Papier, carton, acier, aluminium, plastique… Ces **déchets recyclables** sont acheminés dans des **centres de tri** et répartis par **famille de matériaux**.

Les déchets sont ensuite broyés, lavés et transformés en **balles** pour être transportés facilement.

Le verre collecté est réduit en **poudre** dans des usines.

Ces balles sont **recyclées**, c'est-à-dire transformées en **nouveaux objets** dans les usines.

Chaque bouteille permet de fabriquer une autre bouteille !

COMPRENDRE COMMENT ÇA MARCHE...

le réseau Internet

Téléphone, télévision, radio, nous disposons de nombreux outils pour **communiquer**, s'**informer** ou se **divertir**. Le plus révolutionnaire de ces outils est le gigantesque **réseau Internet** qui relie les **ordinateurs** du monde entier. Aujourd'hui, il y a presque deux milliards de personnes **connectées** sur la planète qui utilisent **Internet** pour rechercher des informations ou communiquer. Mais comment fonctionnent tous ces réseaux ?

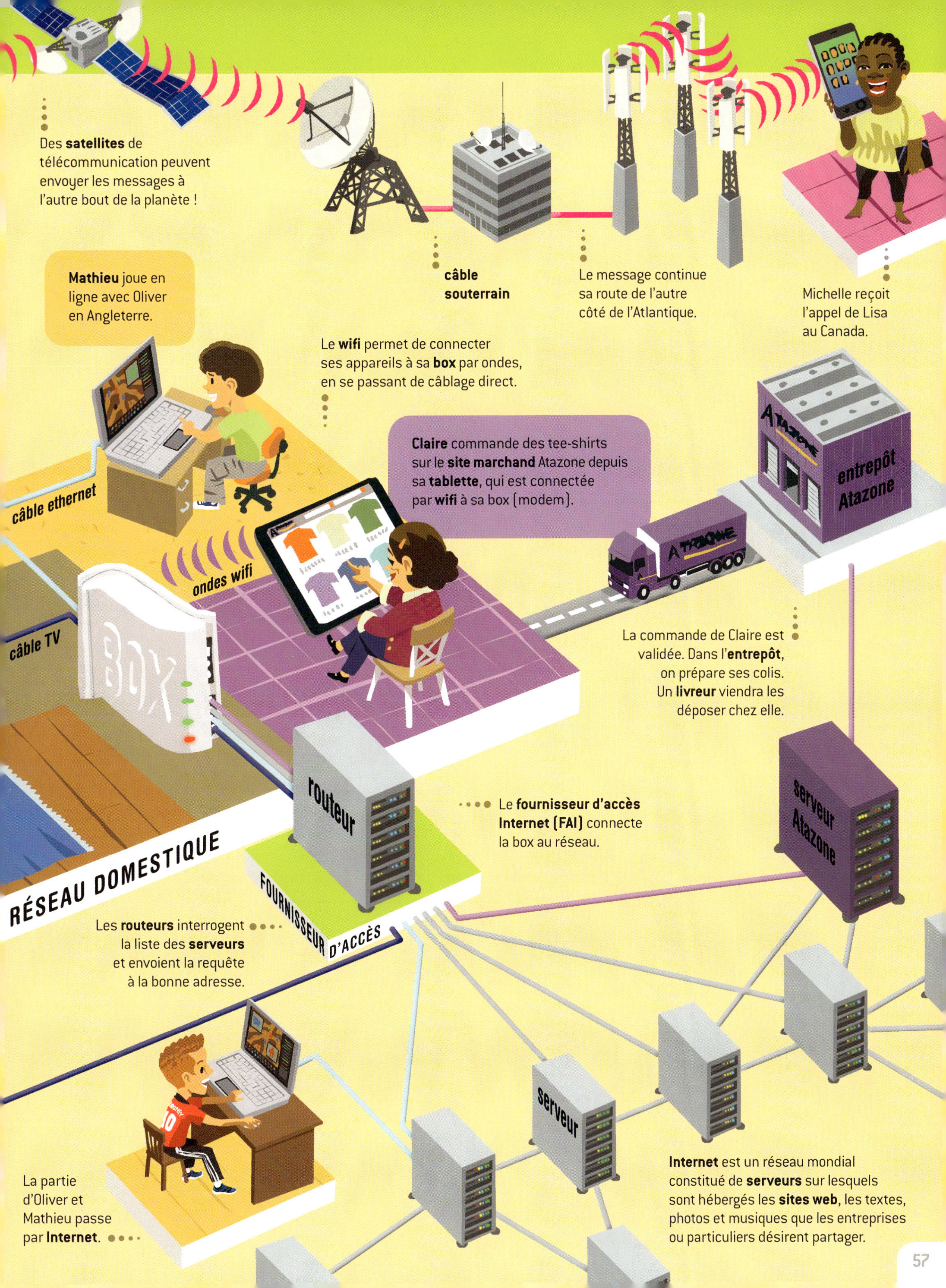

Des **satellites** de télécommunication peuvent envoyer les messages à l'autre bout de la planète !

câble souterrain

Le message continue sa route de l'autre côté de l'Atlantique.

Michelle reçoit l'appel de Lisa au Canada.

Mathieu joue en ligne avec Oliver en Angleterre.

Le **wifi** permet de connecter ses appareils à sa **box** par ondes, en se passant de câblage direct.

Claire commande des tee-shirts sur le **site marchand** Atazone depuis sa **tablette**, qui est connectée par **wifi** à sa box (modem).

La commande de Claire est validée. Dans l'**entrepôt**, on prépare ses colis. Un **livreur** viendra les déposer chez elle.

Le **fournisseur d'accès Internet (FAI)** connecte la box au réseau.

Les **routeurs** interrogent la liste des **serveurs** et envoient la requête à la bonne adresse.

La partie d'Oliver et Mathieu passe par **Internet**.

Internet est un réseau mondial constitué de **serveurs** sur lesquels sont hébergés les **sites web**, les textes, photos et musiques que les entreprises ou particuliers désirent partager.

COMPRENDRE COMMENT ÇA MARCHE...

une entreprise

Concessionnaires automobiles, cabinets d'avocats, fast-foods ou banques, toutes les entreprises ont le même objectif : fournir des **produits** ou des **services** à des **clients** pour **gagner de l'argent**. Pour y parvenir, il faut que la société puisse réunir un ensemble de **compétences**. Dans une petite entreprise, une même personne peut assumer différentes **fonctions** ; dans les grandes entreprises, il y a parfois des milliers de salariés et il faut une sacrée organisation !

Directrice du service Marketing, Mireille mène des études sur les besoins des clients et l'offre des concurrents. Elle a observé que les jeunes adoraient les vêtements aux couleurs flashy, rares chez les autres fabricants.

Les **stylistes** se mettent au travail. Ils conçoivent un modèle original de maillots orange fluo très moulants.

Mireille propose de lancer une **gamme** e maillots et de les vendre dans les boutiques de sport mais aussi de mode.

Karine, **responsable de la communication**, organise une campagne de **publicité** dans les revues lues par les jeunes.

Max, le **directeur commercial**, a fixé des objectifs élevés : heureusement, les maillots orange fluo sont très demandés !

Samia, l'**attachée de presse,** fait connaître ces nouveaux modèles auprès des journalistes.

Les **représentants** démarchent les responsables des magasins pour qu'ils achètent le maximum de produits Twizz.

une campagne de publicité

Télévision, journaux, panneaux d'affichage, cinéma, Internet... la pub est partout. Son objectif est la plupart du temps de **faire connaître** un produit, une marque, mais aussi une région ou un homme politique. Ce sont les créatifs des **agences de publicité** qui imaginent les campagnes : le **directeur artistique** intervient sur l'aspect visuel, le **concepteur-rédacteur** sur les textes. Ensemble, ils doivent trouver des idées originales pour **séduire** les consommateurs... ou les électeurs !

VIVE LE BIGOOL !

4
QUAND LEUR SCÉNARIO EST PRÊT, ILS FONT APPEL À KAMEL BELLOUZE, UN COMIQUE TRÈS POPULAIRE CHEZ LES PLUS JEUNES, ET À NINA MORANDO, UNE ACTRICE APPRÉCIÉE DES PARENTS.
5
LE RÉALISATEUR BERTRAND TAMALET EST ENGAGÉ. C'EST UN METTEUR EN SCÈNE INVENTIF ET IL CONNAÎT BIEN LES DEUX ACTEURS.
6
AVEC TOUTE SON ÉQUIPE TECHNIQUE, BERTRAND FILME KAMEL ET NINA EN TRAIN D'AVOIR UN FOU RIRE EN JOUANT AU BIGOOL. ILS SONT VRAIMENT DRÔLES.
7
LE FILM EST PROGRAMMÉ AU MOIS DE NOVEMBRE DANS LES SALLES DE CINÉMA QUI PASSENT DES DESSINS ANIMÉS. LA PUB EST DRÔLE ET DONNE VRAIMENT ENVIE D'ACHETER LE BIGOOL. C'EST BIEN PARTI !
8
LE CLIP EST EN LIGNE SUR INTERNET ET TOUT LE MONDE VEUT LE VOIR. DANS LES MAGASINS, LES VENTES EXPLOSENT. LE JEU VA DEVENIR LE PLUS POPULAIRE DES CADEAUX DE NOËL !

le lancement d'une voiture

Chaque année, les constructeurs automobiles lancent de nouveaux modèles de voiture. Une fois que le **prototype** a passé avec succès les nombreux **tests** des services techniques et commerciaux, les voitures sont fabriquées dans une usine dédiée au **nouveau modèle**. Dans d'immenses ateliers, on assemble les pièces des futures voitures sur des **chaînes de montage**. Certains accessoires comme les sièges sont fabriqués par d'autres entreprises, des **sous-traitants**, avant d'être livrés à l'usine.

UNE NOUVELLE CITREA FAMILIALE !

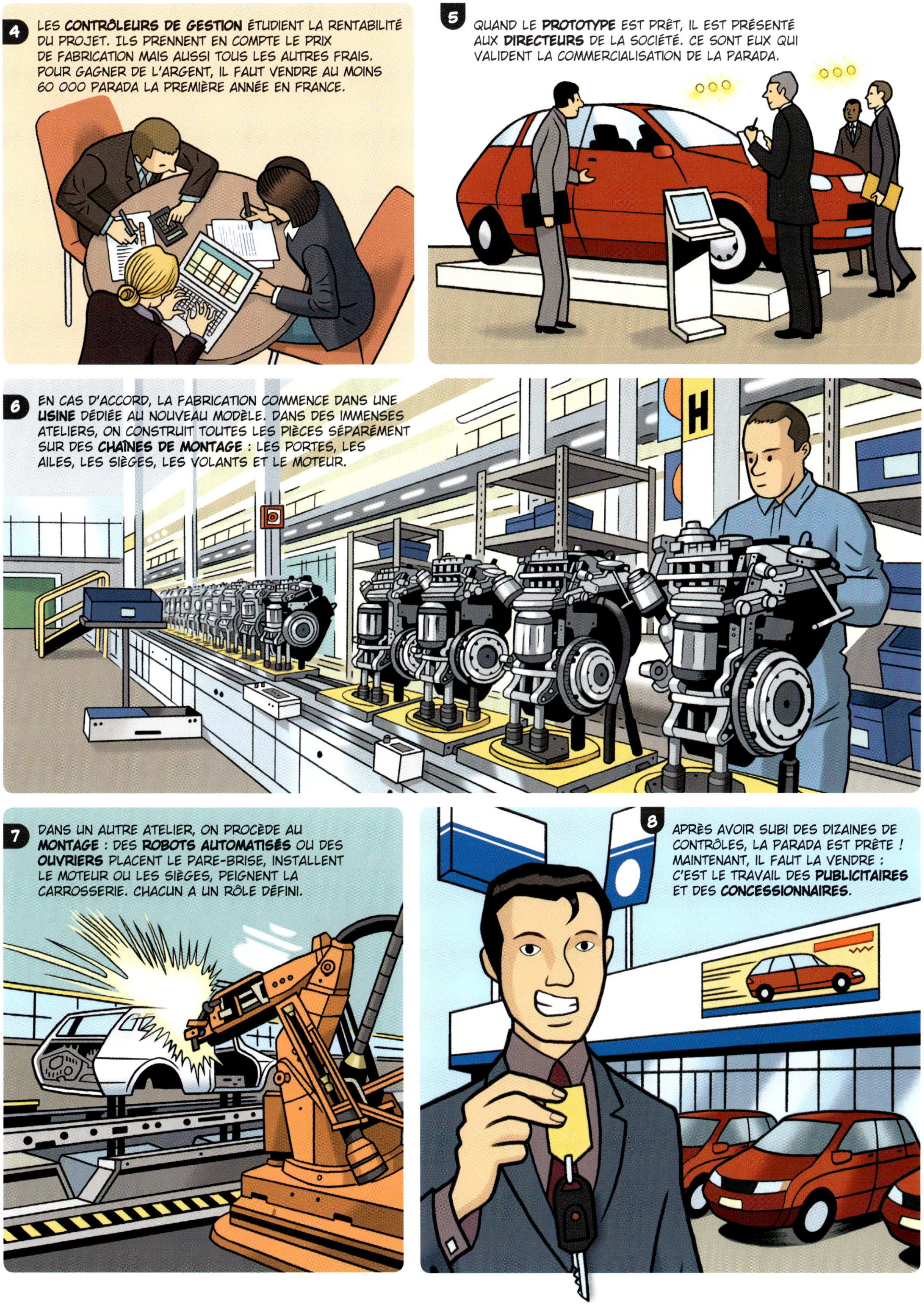
4
LES CONTRÔLEURS DE GESTION ÉTUDIENT LA RENTABILITÉ DU PROJET. ILS PRENNENT EN COMPTE LE PRIX DE FABRICATION MAIS AUSSI TOUS LES AUTRES FRAIS. POUR GAGNER DE L'ARGENT, IL FAUT VENDRE AU MOINS 60 000 PARADA LA PREMIÈRE ANNÉE EN FRANCE.
5
QUAND LE PROTOTYPE EST PRÊT, IL EST PRÉSENTÉ AUX DIRECTEURS DE LA SOCIÉTÉ. CE SONT EUX QUI VALIDENT LA COMMERCIALISATION DE LA PARADA.
6
EN CAS D'ACCORD, LA FABRICATION COMMENCE DANS UNE USINE DÉDIÉE AU NOUVEAU MODÈLE. DANS DES IMMENSES ATELIERS, ON CONSTRUIT TOUTES LES PIÈCES SÉPARÉMENT SUR DES CHAÎNES DE MONTAGE : LES PORTES, LES AILES, LES SIÈGES, LES VOLANTS ET LE MOTEUR.
H
7
DANS UN AUTRE ATELIER, ON PROCÈDE AU MONTAGE : DES ROBOTS AUTOMATISÉS OU DES OUVRIERS PLACENT LE PARE-BRISE, INSTALLENT LE MOTEUR OU LES SIÈGES, PEIGNENT LA CARROSSERIE. CHACUN A UN RÔLE DÉFINI.
8
APRÈS AVOIR SUBI DES DIZAINES DE CONTRÔLES, LA PARADA EST PRÊTE ! MAINTENANT, IL FAUT LA VENDRE : C'EST LE TRAVAIL DES PUBLICITAIRES ET DES CONCESSIONNAIRES.

ZOOM SUR...

une chaîne de montage

Sur les chaînes de montage d'un constructeur automobile, les tâches sont réalisées soit par des ouvriers, soit par des robots pour les plus répétitives. Quels que soient les modèles, le processus est toujours le même !

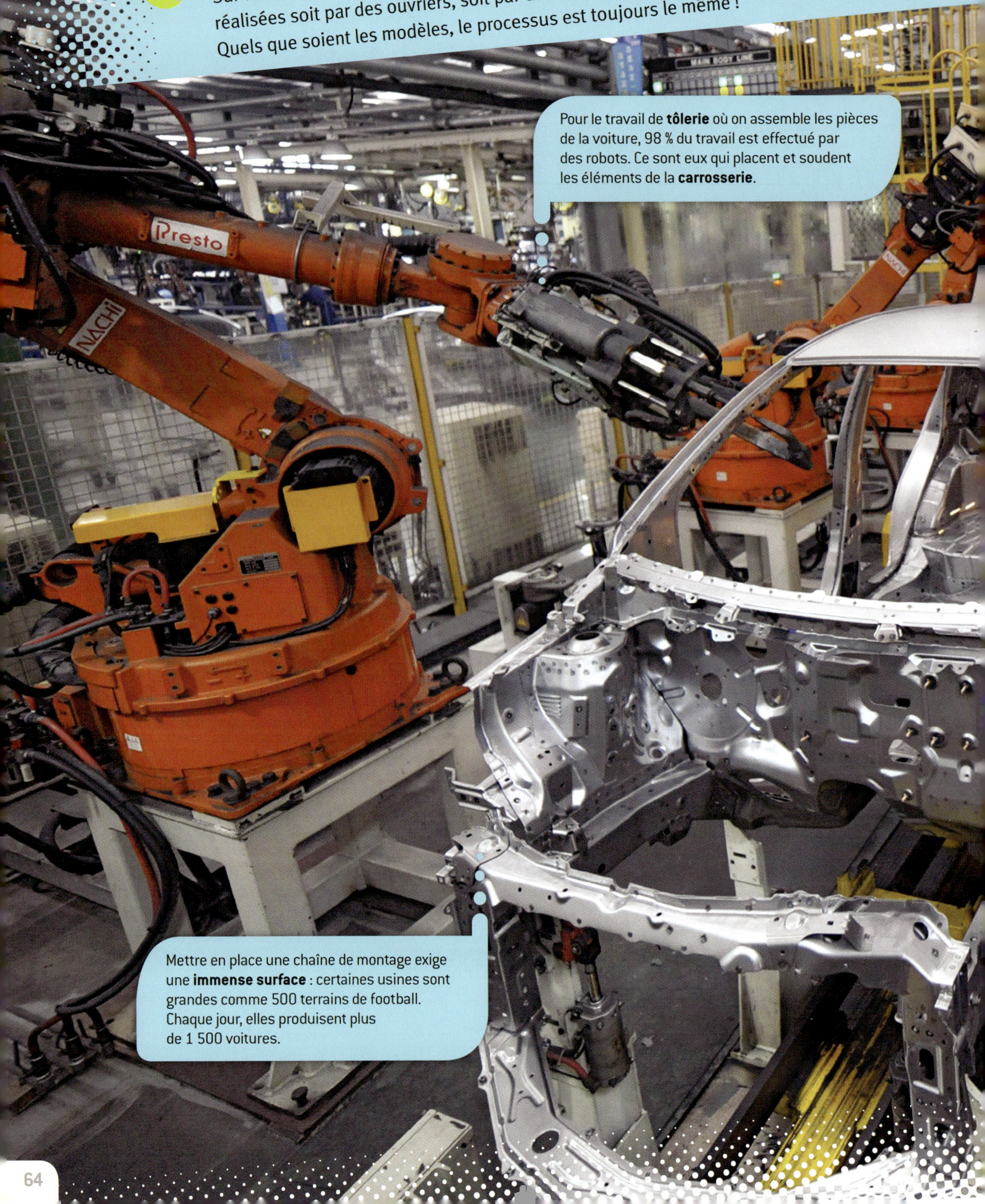

Pour le travail de **tôlerie** où on assemble les pièces de la voiture, 98 % du travail est effectué par des robots. Ce sont eux qui placent et soudent les éléments de la **carrosserie**.

Mettre en place une chaîne de montage exige une **immense surface** : certaines usines sont grandes comme 500 terrains de football. Chaque jour, elles produisent plus de 1 500 voitures.

Cette Panda de l'usine FIAT de Naples est déplacée par des bras articulés au moment de l'étape de la **peinture**. Sa carrosserie est d'abord protégée pour éviter la **rouille** et assurer son **étanchéité**, puis elle est peinte avec des **pistolets**.

Nous travaillons dans les ateliers de montage. Ce sont ceux qui nécessitent le plus d'ouvriers car les opérations ne peuvent pas être robotisées.

Les **ouvriers** installent le moteur, la boîte de vitesse, les sièges, les phares, les tableaux de bord. Quand cette phase est terminée, la voiture est prête à être livrée.

un port de commerce

Chaque année, des milliards de tonnes de **marchandises**, soit la majorité des **échanges commerciaux**, transitent par les plus **grands ports** du monde : Shanghai, Singapour, Hong Kong, Rotterdam... Bien protégés des tempêtes, ces **terminaux** ont été construits et aménagés pour pouvoir accueillir et décharger les soutes ou les ponts de **navires gigantesques** comme des pétroliers ou des porte-conteneurs.

Lorsqu'un **porte-conteneurs** se présente, l'un des six **pilotes** du port monte à bord de l'immense navire pour assister le capitaine lors des **manœuvres d'accostage**.

Tous les jours, le **responsable** du port organise une réunion à la **capitainerie** pour coordonner le trafic.

Dans les gros ports de commerce, des centaines de **dockers** déplacent des milliers de conteneurs par jour. Ils utilisent des **portiques** pour les prendre et les poser directement sur des camions ou des wagons.

Les cargos contiennent entre 2 000 et 10 000 **conteneurs**, des caisses rectangulaires en acier où sont stockées les **marchandises**.

Le **déchargement** de chaque bateau ne doit pas prendre plus de quelques heures. Parfois, il ne laisse qu'une partie de son chargement et continue sa route vers un autre port.

De la taille d'un chalutier, les **remorqueurs** aident les navires à manœuvrer dans le port. Ils peuvent tracter des cargos !

Certaines zones du port sont réservées aux **pétroliers** et équipées de réservoirs géants. D'autres offrent des lieux de **stockage** adaptés aux bateaux qui transportent des céréales, de l'acier ou du charbon.

Les **douaniers** contrôlent les marchandises qui sont débarquées sur les quais. Les produits sont soumis à des taxes différentes selon leur type.

Les **lamaneurs** récupèrent les amarres (cordes, câbles, chaînes..) des bateaux pour les accrocher sur les quais.

ZOOM SUR…

un chantier naval

Chaque année, les grands chantiers construisent des géants d'acier qui vont naviguer sur les mers du globe. Certains construisent des pétroliers d'une capacité supérieure à 500 000 tonnes, d'autres des paquebots capables d'accueillir des milliers de passagers.

Les **blocs** sont construits dans des ateliers proches du port et assemblés grâce à d'énormes **portiques** où des **chariots**, reliés à des câbles, se déplacent horizontalement sur des rails.

La **coque** du bateau est construite en **assemblant** des centaines de **blocs de plusieurs tonnes**.

Je porte un masque pour me protéger des émanations toxiques dégagées par la peinture.

Le **peintre** applique au pistolet une peinture capable de résister plusieurs années aux **attaques du sel et de la rouille**.

Ces opérations qui durent plusieurs mois ont lieu dans un **bassin** que l'on appelle la « forme de construction ».

L'**étrave**, c'est-à-dire l'avant du paquebot, sera assemblée au dernier moment. C'est une pièce très importante car c'est elle qui va **fendre les eaux** quand le paquebot sera lancé à toute vitesse.

Les grands chantiers fabriquent des **paquebots** capables d'accueillir plus de **4 000 passagers** pour de longues croisières. Piscines, boutiques, casino, cinéma, tout est prévu !

une grande gare

Certaines gares sont **immenses**, avec leurs boutiques et leurs restaurants. D'autres sont minuscules et ne comptent que deux ou trois quais. Quelle que soit la taille de la gare, le personnel doit remplir les mêmes **missions** : **assurer** la **ponctualité** des rames, **surveiller** le réseau, **maintenir** les locomotives ou les wagons en état, **accueillir** des voyageurs et **décharger** des marchandises.

LE TRAIN DE 11 HEURES

3
UN DES TRAINS EST EN RETARD. CÉDRIC MET À JOUR LES **PANNEAUX** DE LA GARE POUR INFORMER LES VOYAGEURS. IL S'OCCUPE AUSSI DES **ANNONCES** : LA PLUPART SONT DÉJÀ ENREGISTRÉES MAIS IL PEUT AUSSI PASSER UN MESSAGE D'URGENCE SUR UNE VOIE PRÉCISE.
Le train de 11 heures aura un retard de 40 minutes, veuillez nous excuser de la gêne occasionnée...
i E
11H00 Poissy : train retardé

4
DANS LE **POSTE DE CONTRÔLE**, VINCENT ET LAURETTE VISUALISENT EN DIRECT LA POSITION DES TRAINS SUR LES LIGNES DE LA RÉGION. EN CAS DE PROBLÈME, ILS INFORMENT LES CONDUCTEURS PAR DES SIGNALISATIONS SUR LES VOIES OU PAR RADIO.

5
DANS LES **ATELIERS**, L'ÉQUIPE DE **MAINTENANCE** VEILLE AU BON FONCTIONNEMENT DES TRAINS. POUR RÉPARER UNE LOCOMOTIVE, LES **MÉCANICIENS** SE PLACENT EN DESSOUS, DANS UNE FOSSE. QUAND LE TRAIN EST PRÊT, LE CONDUCTEUR DE MANŒUVRE L'AMÈNE SUR UNE DES VOIES VOYAGEURS.

6
DANS LA ZONE RÉSERVÉE AUX **MARCHANDISES**, LES **CARISTES** ATTENDENT LES TRAINS AVEC DES CHARIOTS ÉLÉVATEURS. ILS TRANSPORTENT LES CAISSES VERS DES ENTREPÔTS OÙ LES ATTENDENT DES CAMIONS.

7
NICOLAS, L'**AIGUILLEUR**, A DONNÉ LE FEU VERT. LA VOIE EST LIBRE : LES 500 VOYAGEURS DU PROCHAIN TGV QUITTERONT LA GARE À L'HEURE ET EN TOUTE SÉCURITÉ.

un aéroport international

Dans les grands aéroports internationaux comme Roissy-Charles de Gaulle à Paris ou Heathrow à Londres, un avion atterrit et décolle en moyenne toutes les 90 secondes, ce qui représente près de **1 500 vols par jour**. Il faut donc une sacrée **organisation** pour synchroniser tous ces départs et ces atterrissages. Il est aussi indispensable d'accueillir les passagers, près de **100 000 par jour**, de leur proposer des **services** (restauration, boutiques…) et d'assurer leur **sécurité**.

Dans les tours de contrôle, les **aiguilleurs du ciel** guident les pilotes. Chacun prend en charge 7 à 10 avions en même temps, 500 km avant l'**atterrissage**.

Le **placeur** dirige le pilote pour garer l'avion près de l'aérogare sur le **tarmac**, le lieu de stationnement.

Avant le décollage, des **camions citerne** font le plein de kérosène. Cet **avitaillement** se fait sous la responsabilité de la compagnie aérienne.

Les voyageurs arrivent dans la **salle d'embarquement** et rejoignent l'avion.

Ces bagages sont **inspectés** par des appareils de contrôle à **rayons X,** puis transportés dans la soute.

Des **policiers** vérifient l'identité des passagers et le contenu de leurs bagages à main est aussi soumis aux rayons X.

la distribution d'électricité

L'électricité représente environ un cinquième de l'**énergie** consommée dans le monde. Elle est produite par différents types de **centrales électriques** : centrale thermique (au gaz ou au charbon), centrale nucléaire, barrage hydroélectrique, éolienne.... Fiable et puissante, l'électricité a cependant un gros défaut : personne n'a encore jamais réussi à la **stocker à grande échelle**. Dès que l'électricité est produite, il faut donc la **transporter** vers les consommateurs !

départ !

Quelle que soit la source d'énergie utilisée (gaz, charbon, uranium, eau, vent...), les **centrales électriques** fonctionnent à peu près de la même façon : en tournant, une **turbine** entraîne un **alternateur** qui produit de l'électricité.

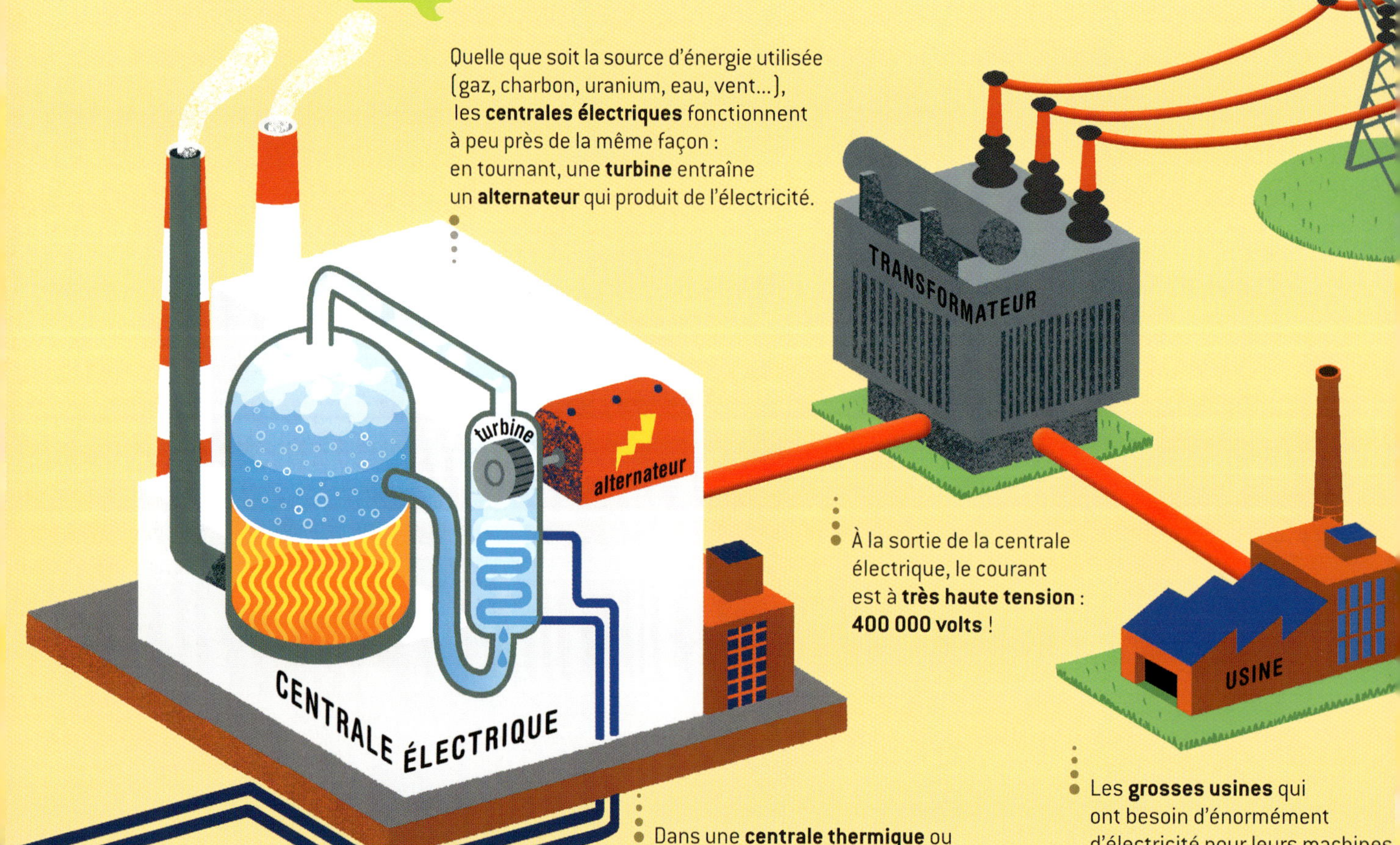

À la sortie de la centrale électrique, le courant est à **très haute tension** : **400 000 volts** !

Dans une **centrale thermique** ou **nucléaire**, par exemple, l'eau sous l'effet de la chaleur se transforme en vapeur d'eau qui fait tourner les pales d'une **turbine**.

Les **grosses usines** qui ont besoin d'énormément d'électricité pour leurs machines sont **reliées directement** aux lignes à haute tension.

Des **transformateurs** permettent de **réduire la tension** du courant : l'électricité est alors transportée par des lignes à moyenne tension puis à basse tension.

Des **techniciens** surveillent en permanence l'**équilibre** entre la production et la consommation d'électricité. En cas de vague de froid brutale, ils demandent une augmentation de la production pour éviter les coupures d'électricité.

Ramenée à **230 volts**, une tension que peuvent supporter les appareils domestiques, l'électricité est distribuée chez les **particuliers**.

L'électricité produite ne peut pas être stockée : elle doit être **transportée immédiatement** par les câbles des **lignes à haute tension**, portés par des pylônes.

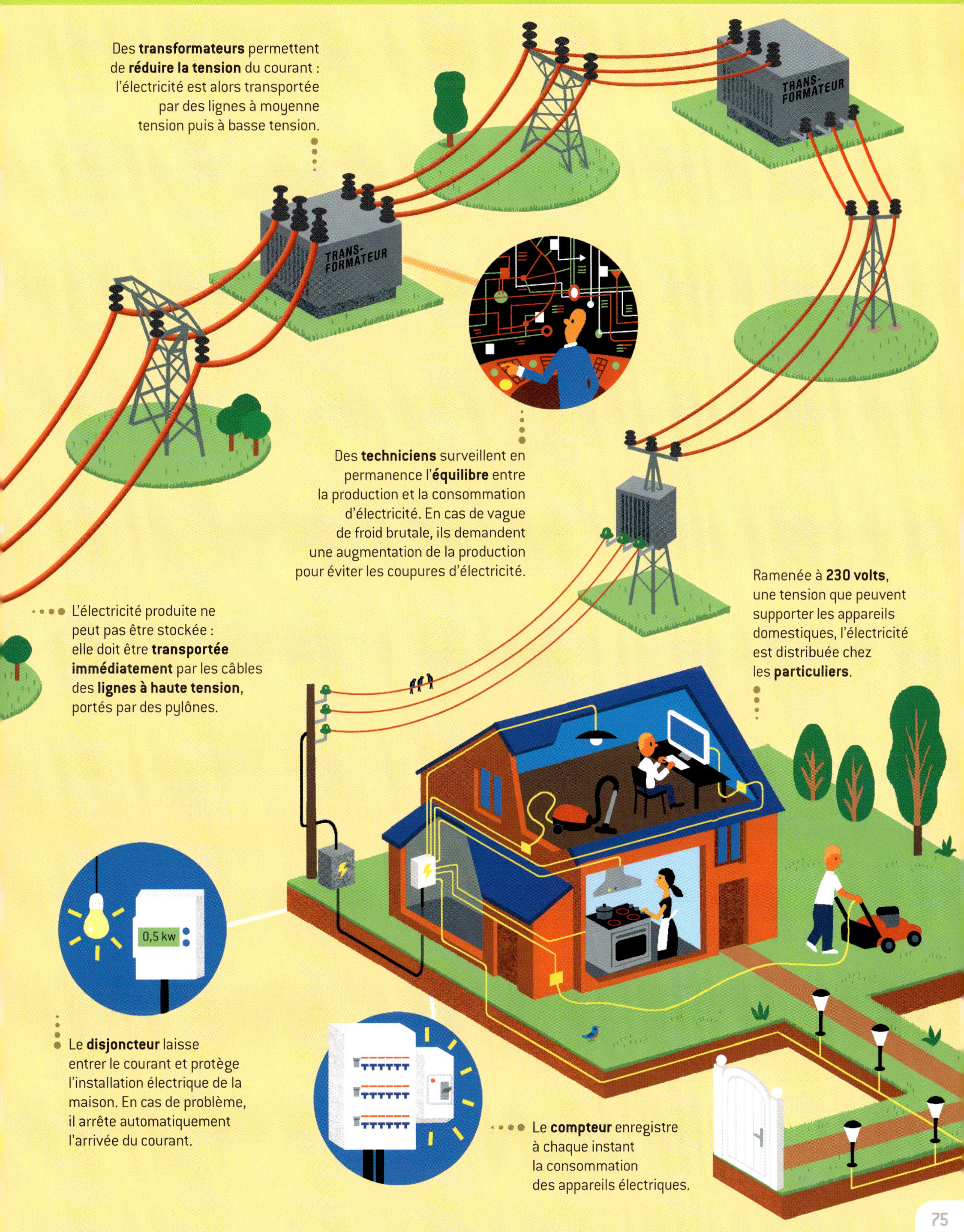

Le **disjoncteur** laisse entrer le courant et protège l'installation électrique de la maison. En cas de problème, il arrête automatiquement l'arrivée du courant.

Le **compteur** enregistre à chaque instant la consommation des appareils électriques.

le transport du gaz

Prendre un bain bien chaud, faire cuire des pâtes ou allumer le chauffage de son appartement sont devenus des **gestes très simples** dans les pays riches. Les maisons, les immeubles et les usines sont presque tous reliés au **réseau du gaz**. Et pourtant, la **source d'énergie** indispensable pour réaliser ces gestes du quotidien a été **extraite du sol** le plus souvent **à des milliers de kilomètres** de son lieu de consommation. D'où vient le gaz et comment le transporte-t-on ?

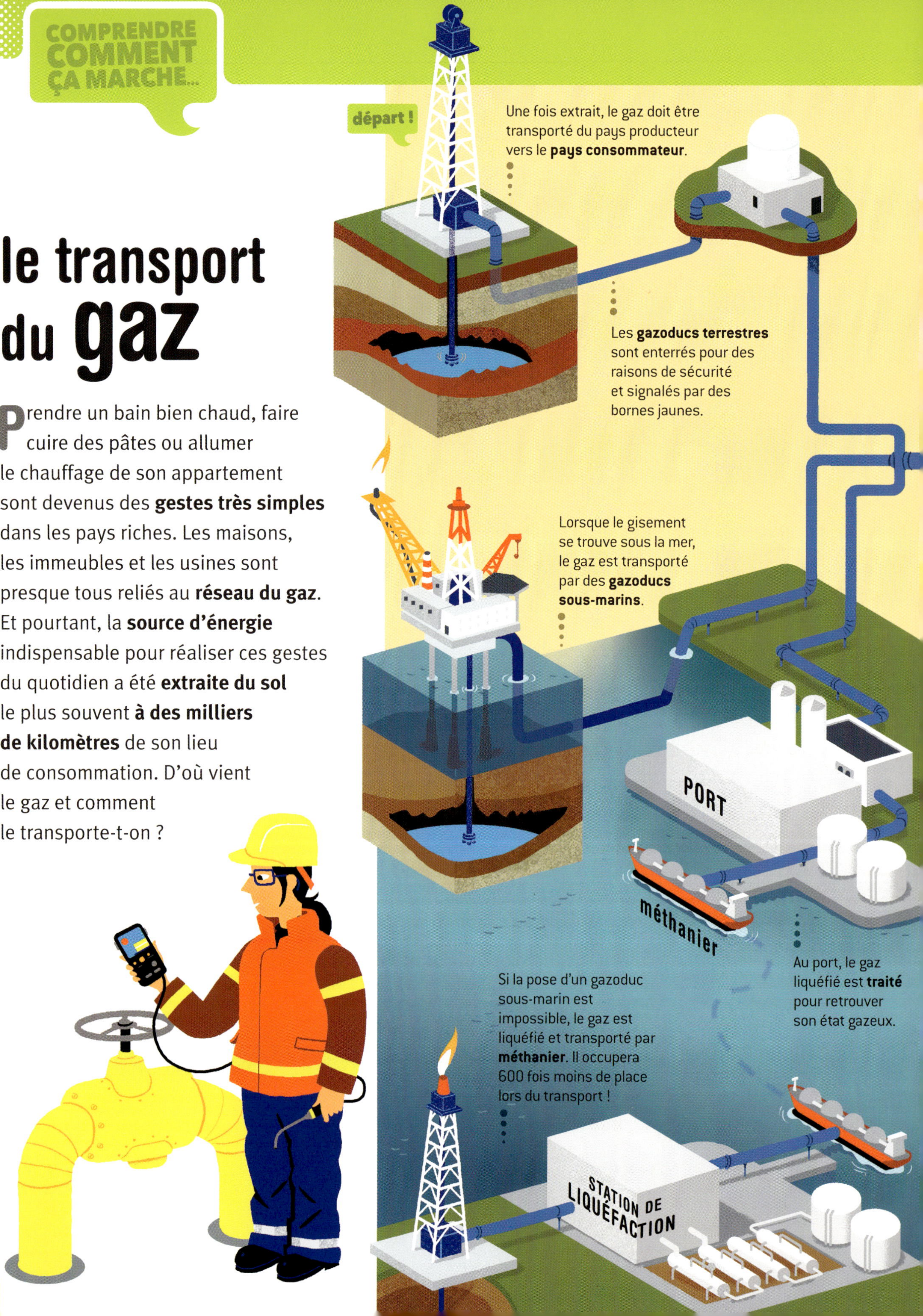

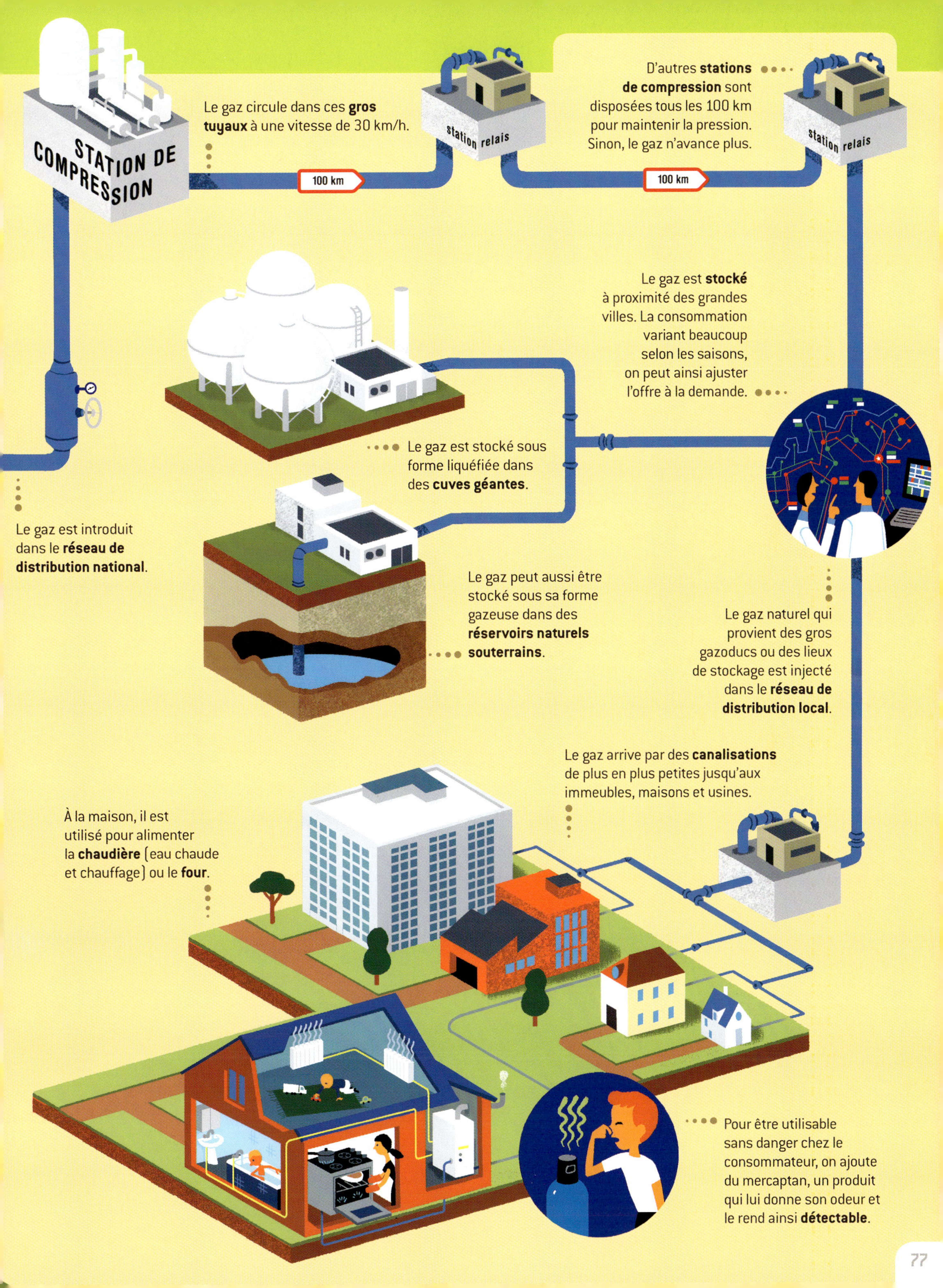

Le gaz circule dans ces **gros tuyaux** à une vitesse de 30 km/h.

D'autres **stations de compression** sont disposées tous les 100 km pour maintenir la pression. Sinon, le gaz n'avance plus.

Le gaz est **stocké** à proximité des grandes villes. La consommation variant beaucoup selon les saisons, on peut ainsi ajuster l'offre à la demande.

Le gaz est stocké sous forme liquéfiée dans des **cuves géantes**.

Le gaz est introduit dans le **réseau de distribution national**.

Le gaz peut aussi être stocké sous sa forme gazeuse dans des **réservoirs naturels souterrains**.

Le gaz naturel qui provient des gros gazoducs ou des lieux de stockage est injecté dans le **réseau de distribution local**.

Le gaz arrive par des **canalisations** de plus en plus petites jusqu'aux immeubles, maisons et usines.

À la maison, il est utilisé pour alimenter la **chaudière** (eau chaude et chauffage) ou le **four**.

Pour être utilisable sans danger chez le consommateur, on ajoute du mercaptan, un produit qui lui donne son odeur et le rend ainsi **détectable**.

un chantier de construction

Bâtir un **immeuble d'habitation** est une sacrée opération ! Quand le **promoteur** a trouvé un terrain, son architecte doit dessiner les **plans** du bâtiment et faire le choix des **matériaux** adaptés, de bonne qualité mais pas trop chers. Dès que le projet de l'**architecte** est terminé, le promoteur peut vendre les appartements « sur plans » avant même le début des travaux. Après, il faut vite lancer le **chantier** : les propriétaires emménagent dans 18 mois !

NAISSANCE D'UN IMMEUBLE

3
ON CREUSE AUSSI DES TRANCHÉES POUR FAIRE ARRIVER LES CÂBLES ÉLECTRIQUES, LES CANALISATIONS DE GAZ OU LES CONDUITES D'EAU.

4
LES MAÇONS ÉLÈVENT LES MURS AVEC DES BRIQUES ET DES PARPAINGS. ILS LES ASSEMBLENT AVEC DU CIMENT QUI TOURNE EN PERMANENCE DANS UNE BÉTONNIÈRE.

5
CHAQUE SEMAINE SE TIENT UNE RÉUNION DE CHANTIER. M. RAOUX, LISBETH ET CYPRIEN PARLENT DES TRAVAUX ET RÈGLENT LES IMPRÉVUS. COMME LE PRIX DU PARQUET QUI AVAIT ÉTÉ CHOISI A FORTEMENT AUGMENTÉ, ILS DÉCIDENT DE CHANGER DE FOURNISSEUR.
6
POUR LES ÉTAGES, LES POUTRES MÉTALLIQUES OU LES BLOCS DE BÉTON SONT HISSÉS AVEC UNE GRUE. LE CONDUCTEUR TRAVAILLE À 50 M DE HAUT. IL NE FAUT PAS AVOIR LE VERTIGE !

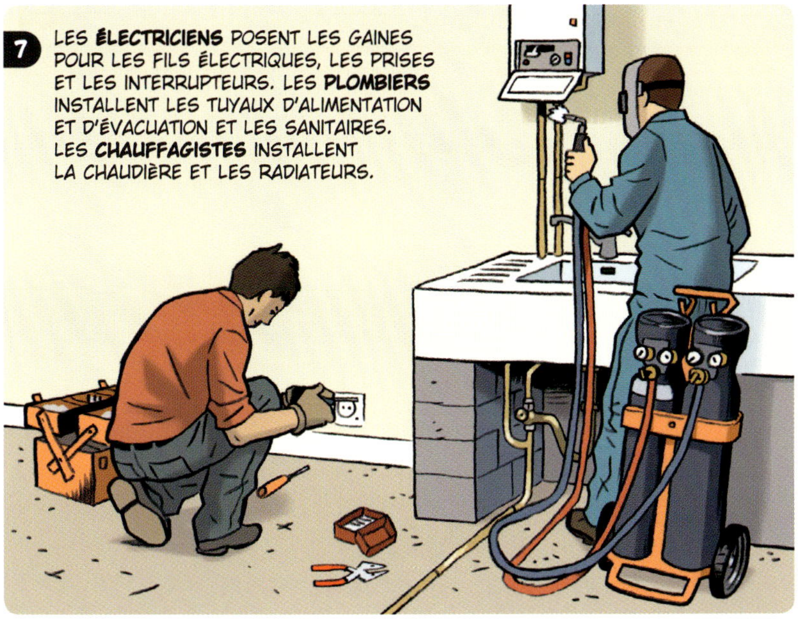
7
LES ÉLECTRICIENS POSENT LES GAINES POUR LES FILS ÉLECTRIQUES, LES PRISES ET LES INTERRUPTEURS. LES PLOMBIERS INSTALLENT LES TUYAUX D'ALIMENTATION ET D'ÉVACUATION ET LES SANITAIRES. LES CHAUFFAGISTES INSTALLENT LA CHAUDIÈRE ET LES RADIATEURS.

8
AVANT QUE LES LOCATAIRES N'EMMÉNAGENT, IL FAUT ENCORE PEINDRE LES MURS, POSER LA TAPISSERIE, LA MOQUETTE, LE CARRELAGE ET LES PARQUETS !

ZOOM SUR... un immeuble en chantier

La construction d'un building nécessite le travail de centaines d'ouvriers pendant de longs mois. Ils disposent d'engins de chantier de plus en plus perfectionnés pour leur faciliter la tâche.

Pour rejoindre sa cabine au sommet de la grue, le **grutier** grimpe des centaines d'échelons métalliques. Tous les 5 ou 10 mètres, il peut se reposer sur des **plateformes** intermédiaires.

Je communique avec le chef de chantier grâce à un talkie-walkie. Il me conseille lors de chaque opération de levage.

Nous sommes en train de couler une dalle de béton pour faire un plancher solide. La semaine prochaine, nous coulerons une deuxième épaisseur.

Portée par la grue à 3 ou 4 mètres de haut, la **benne à tuyau** permet de verser le **béton** de manière régulière et en contrôlant le débit. Sous sa forme liquide, le béton remplit une **armature** fabriquée avec des grilles de métal.

Ces **ouvriers spécialisés** découpent les éléments en acier qu'ils vont ensuite fixer au plafond en les vissant ou en les soudant. D'autres éléments serviront de cadre pour les futures baies vitrées.

Montée sur un châssis de camion, **la pompe à béton** est mobile et permet de réaliser des dalles aux endroits les moins accessibles. Son **bras articulé** est doublé par un **immense tuyau** où passe le béton.

Les ouvriers portent un **casque**, équipement individuel de protection obligatoire sur le chantier.

Je vérifie que les travaux réalisés ne comportent aucun défaut. Quand il y a une fissure, même minuscule, il faut tout recommencer !

un hypermarché

Aujourd'hui, la France compte un peu plus de 1 500 **hypermarchés, des magasins géants** encore plus grands que les supermarchés. On y trouve des denrées alimentaires mais aussi des vêtements, des jeux, des livres, du matériel de bricolage et même des bicyclettes ! Comment ces hypermarchés, situés le plus souvent en **périphérie** des villes, peuvent-ils mettre à disposition chaque jour ces **milliers de produits** ?

ON TROUVE DE TOUT CHEZ BELCHAN !

3
DIRECTEUR D'UNE ENTREPRISE DE JOUETS EN BOIS, TANGUY DOIT VENDRE SES PRODUITS CHEZ BELCHAN POUR AUGMENTER SES REVENUS. APRÈS UNE LONGUE **NÉGOCIATION**, L'AFFAIRE EST CONCLUE AVEC LE **RESPONSABLE JOUETS** DE LA CENTRALE D'ACHATS CAR LES PRODUITS DE TANGUY SONT ORIGINAUX. MAIS IL A DÛ ACCEPTER DE BAISSER SES PRIX.
4
TANGUY NE SE BAT PAS À ARMES ÉGALES CONTRE LES **GRANDES MARQUES** DE JOUETS. ELLES PEUVENT FAIRE DE LA **PUBLICITÉ** POUR FAIRE CONNAÎTRE LEURS PRODUITS ET ELLES OFFRENT EN PLUS UN BON DE RÉDUCTION À LA DEUXIÈME BOÎTE DE JOUETS ACHETÉE.
5
LES **REPRÉSENTANTS** DES GRANDES MARQUES NÉGOCIENT AVEC LUCIE POUR QUE LEURS PRODUITS SOIENT **BIEN PLACÉS** EN RAYON. C'EST IMPORTANT : SELON L'EMPLACEMENT, ILS PEUVENT EN VENDRE LE DOUBLE !
6
AINSI, LES PRODUITS PLACÉS **EN TÊTE DE GONDOLE**, C'EST-À-DIRE AU DÉBUT DES ALLÉES, SE VENDENT BEAUCOUP MIEUX. MAIS POUR OBTENIR CET EMPLACEMENT PRIVILÉGIÉ, LE FABRICANT DOIT PAYER L'HYPERMARCHÉ ET C'EST BEAUCOUP TROP CHER POUR TANGUY.
7
LUCIE SURVEILLE EN PERMANENCE LES **STOCKS** DE SON RAYON. QUAND CERTAINS ARTICLES S'ÉPUISENT, ELLE CONTACTE LA CENTRALE D'ACHATS OU LES FABRICANTS POUR QUE LES PRODUITS MANQUANTS SOIENT LIVRÉS. IL NE DOIT PAS Y AVOIR DE RUPTURE DE STOCK, LES CLIENTS DÉTESTENT ÇA !
8
AU BOUT D'UNE SEMAINE, TOUS LES JOUETS DE TANGUY ONT ÉTÉ VENDUS. IL FAUT DIRE QU'IL Y A EU BEAUCOUP DE PUBLICITÉ DANS LA **PRESSE** LOCALE ET NATIONALE. TANGUY VA POUVOIR PROPOSER DE NOUVEAUX PRODUITS À LA CENTRALE D'ACHATS DE L'HYPERMARCHÉ !

un restaurant gastronomique

Menus raffinés, grands vins, accueil soigné et cadre somptueux, les **restaurants gastronomiques** sont des établissements prestigieux, tenus par des **chefs** cuisiniers réputés. Ces chefs s'occupent eux-mêmes de l'**approvisionnement** en produits de qualité et dirigent une **brigade** d'une vingtaine de maîtres d'hôtel, cuisiniers, sommeliers, commis ou serveurs. Les meilleurs sont récompensés chaque année par des **critiques** gastronomiques qui leurs décernent notes, macarons ou étoiles dans leurs guides.

AU BONHEUR DES GOURMETS

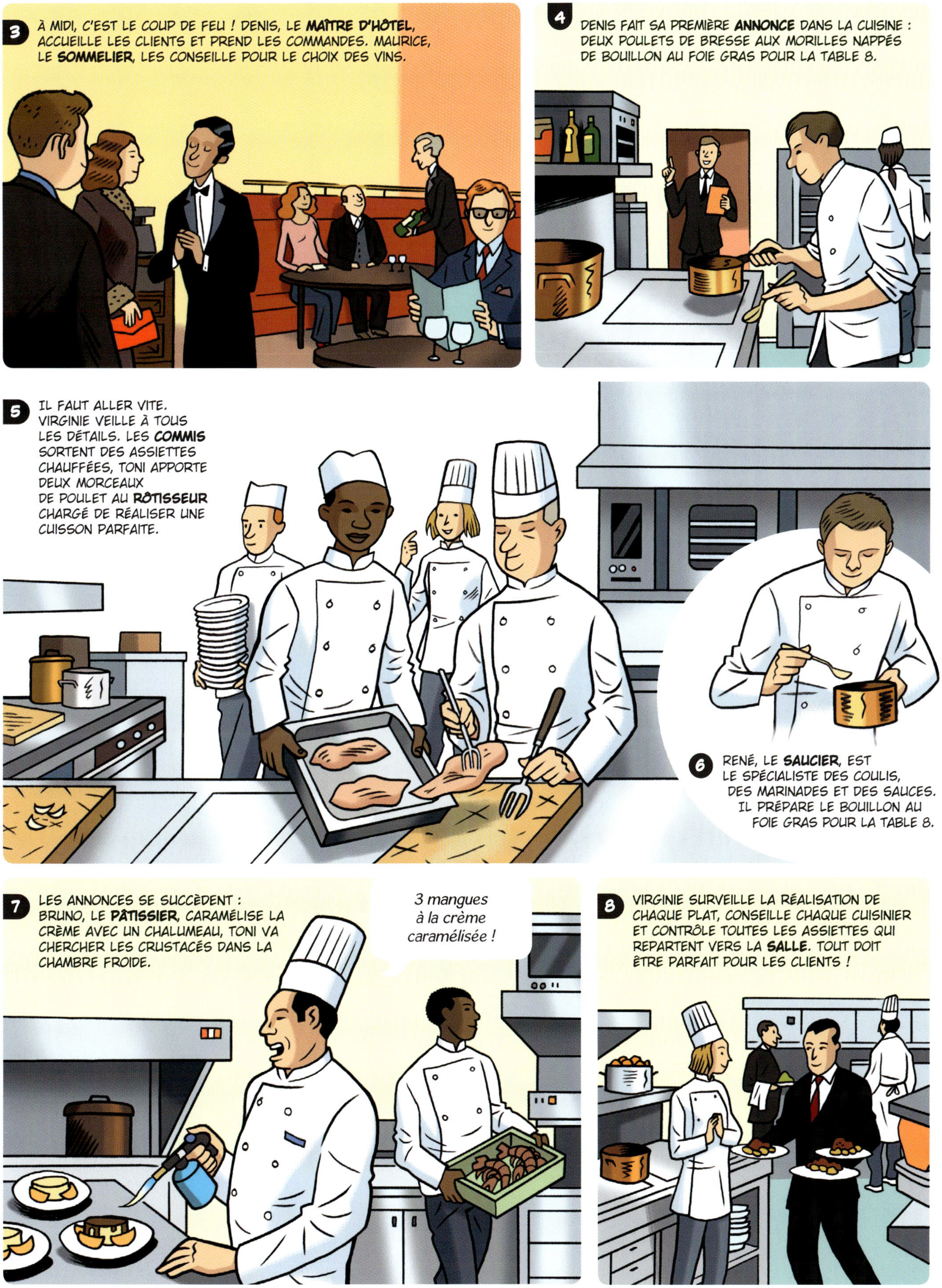
3
À MIDI, C'EST LE COUP DE FEU ! DENIS, LE **MAÎTRE D'HÔTEL**, ACCUEILLE LES CLIENTS ET PREND LES COMMANDES. MAURICE, LE **SOMMELIER**, LES CONSEILLE POUR LE CHOIX DES VINS.
4
DENIS FAIT SA PREMIÈRE **ANNONCE** DANS LA CUISINE : DEUX POULETS DE BRESSE AUX MORILLES NAPPÉS DE BOUILLON AU FOIE GRAS POUR LA TABLE 8.
5
IL FAUT ALLER VITE. VIRGINIE VEILLE À TOUS LES DÉTAILS. LES **COMMIS** SORTENT DES ASSIETTES CHAUFFÉES, TONI APPORTE DEUX MORCEAUX DE POULET AU **RÔTISSEUR** CHARGÉ DE RÉALISER UNE CUISSON PARFAITE.
6
RENÉ, LE **SAUCIER**, EST LE SPÉCIALISTE DES COULIS, DES MARINADES ET DES SAUCES. IL PRÉPARE LE BOUILLON AU FOIE GRAS POUR LA TABLE 8.
7
LES ANNONCES SE SUCCÈDENT : BRUNO, LE **PÂTISSIER**, CARAMÉLISE LA CRÈME AVEC UN CHALUMEAU, TONI VA CHERCHER LES CRUSTACÉS DANS LA CHAMBRE FROIDE.
3 mangues à la crème caramélisée !
8
VIRGINIE SURVEILLE LA RÉALISATION DE CHAQUE PLAT, CONSEILLE CHAQUE CUISINIER ET CONTRÔLE TOUTES LES ASSIETTES QUI REPARTENT VERS LA **SALLE**. TOUT DOIT ÊTRE PARFAIT POUR LES CLIENTS !

ZOOM SUR... un restaurant 3 étoiles

Durant le service, la brigade des cuisiniers du restaurant Troisgros s'affaire en cuisine sous la conduite du chef et de son second. Il faut atteindre la perfection pour les gourmets qui viennent déjeuner.

Pendant que les **cuisiniers** travaillent, les **sommeliers** s'occupent des vins à la cave : le restaurant Troisgros de Roanne possède plus de 35 000 bouteilles.

Je fais très attention à l'assiette que je prépare mais elle sera vérifiée aussi par le chef avant de partir en salle.

Dans les grands restaurants, les plans de travail et de cuisson sont faits sur mesure. On les appelle des pianos.

Pour Michel Troisgros, la cuisine doit être **raffinée mais simple**, et privilégier les **produits naturels** comme ce lait voilé au caviar.

Perpétuant la tradition familiale, **Michel Troisgros** invente chaque année de **nouveaux mets originaux**. Il prépare ici une de ses spécialités, la coquille Saint-Jacques à la bergamote.

Je surveille le travail de ce jeune cuisinier qui est encore en formation.

La brigade du restaurant compte une vingtaine de personnes spécialisées dans un domaine comme la **pâtisserie** ou la **rôtisserie**.

un fast-food

Apparus au milieu des années 1950 aux États-Unis, les fast-foods ont conquis la planète. Hamburgers, frites, sodas ou glaces... la nourriture des fast-foods plaît aux **jeunes**, on est servi **rapidement**, on peut consommer les sandwichs **sur place** ou les emporter, et les menus sont plutôt **économiques**. Chaque jour, les Français mangent 1 million de hamburgers. Et dans les cuisines, tout est prévu pour satisfaire les clients !

BIENVENUE CHEZ JIMMY'S !

3
LES FRITES OU LES VIANDES SURGELÉES PEUVENT ÊTRE CONSERVÉES TRÈS LONGTEMPS DANS LES CHAMBRES FROIDES.
4
DÈS QUE LA COMMANDE D'UN CLIENT EST PASSÉE EN CAISSE, LES ÉQUIPIERS PRÉPARENT LES SANDWICHS EN CUISINE. IL NE FAUT PAS LES FAIRE À L'AVANCE CAR ILS DOIVENT RESTER BIEN FRAIS !
5
MAXIME EST VIGILANT SUR L'HYGIÈNE. IL FAIT SURVEILLER CHAQUE JOUR LA QUALITÉ DE L'HUILE DES FRITES ET TOUS LES ÉQUIPIERS DOIVENT SE LAVER LES MAINS AU MOINS UNE FOIS PAR HEURE.
6
AU SIÈGE, LES DIRIGEANTS DE LA CHAÎNE DE FAST-FOOD ONT DÉCIDÉ DE PROPOSER UN NOUVEAU MENU MAXI TOP, LA SEMAINE SUIVANTE. DANS TOUS LES RESTAURANTS, UNE PLACE DE CINÉMA SERA OFFERTE POUR L'ACHAT D'UN MENU... CELA VA ATTIRER LES CLIENTS !
7
MAXIME PASSE UNE GROSSE COMMANDE À SES FOURNISSEURS ! IL NE DOIT SURTOUT PAS Y AVOIR DE RUPTURE DE STOCKS !

une église

Chaque semaine, en général le samedi soir ou le dimanche, les catholiques rejoignent l'église de leur quartier pour assister à la **messe** célébrée par un ou plusieurs **prêtres**. Pendant une heure environ, les **chrétiens** se rassemblent pour écouter la **Parole de Dieu**, prier, chanter et communier. Intermédiaire entre Dieu et les fidèles, le prêtre peut aussi célébrer une messe à l'occasion d'un **baptême**, d'un **mariage** ou d'un **enterrement**.

Les **fidèles** s'installent dans la nef, face au prêtre. Après avoir chanté et prié, les catholiques écoutent trois lectures de la Bible.

La **première lecture** est issue de l'**Ancien Testament**, l'histoire du peuple de Dieu avant la naissance de Jésus.

Les **vitraux**, les tableaux et les statues de l'église racontent souvent la vie de Jésus ou celle des saints.

La **sacristie** est la pièce où les prêtres se préparent et gardent les divers objets et vêtements utiles pour les cérémonies.

Le **chœur** est le lieu où le prêtre préside les célébrations. Au centre, à l'**autel**, il célèbre l'**eucharistie**.

La plupart des églises sont en forme de **croix** et orientées vers l'**est**. En entrant, les fidèles tournent le dos à la nuit et avancent vers la lumière.

Le **tabernacle** est la petite armoire où sont conservées les hosties après la messe. Une petite lumière signale leur présence.

Au moment de l'**eucharistie**, pour les catholiques, le pain et le vin deviennent le corps et le sang du Christ.

Les **fonts baptismaux** sont utilisés lors du **baptême**. Le prêtre verse de l'eau bénite sur le front du baptisé. Ce symbole signifie qu'il est accueilli dans la communauté chrétienne.

La **deuxième lecture** fait partie du **Nouveau Testament** : il s'agit souvent de lettres que certains des apôtres, les proches compagnons du Christ, adressaient aux premiers chrétiens.

Issue du Nouveau Testament et lue par le prêtre, la troisième est l'**évangile** qui relate la vie de Jésus.

Le prêtre s'adresse ensuite aux fidèles et commente les textes dans son **homélie**.

Lors d'une messe les fidèles qui le désirent vont **communier**, c'est-à-dire recevoir et manger l'**hostie**, espèce de pain sans levain. Ce moment rappelle la cène, le dernier repas de Jésus avec ses apôtres.

COMPRENDRE COMMENT ÇA MARCHE...

une mosquée

La mosquée est le lieu où les musulmans prient et se réunissent. On y trouve parfois une **école** où est enseigné le **Coran** et toujours une salle de prière. Elle abrite aussi une grande **cour** ornée de fontaines et différentes salles. Son architecture est inspirée par la maison de Mohammed, le prophète à qui s'est adressé Dieu vers 610, selon les musulmans. La mosquée est dominée par une grande tour, le **minaret,** d'où le **muezzin** appelle les fidèles à la prière. C'est le vendredi qu'a lieu la **prière** la plus importante.

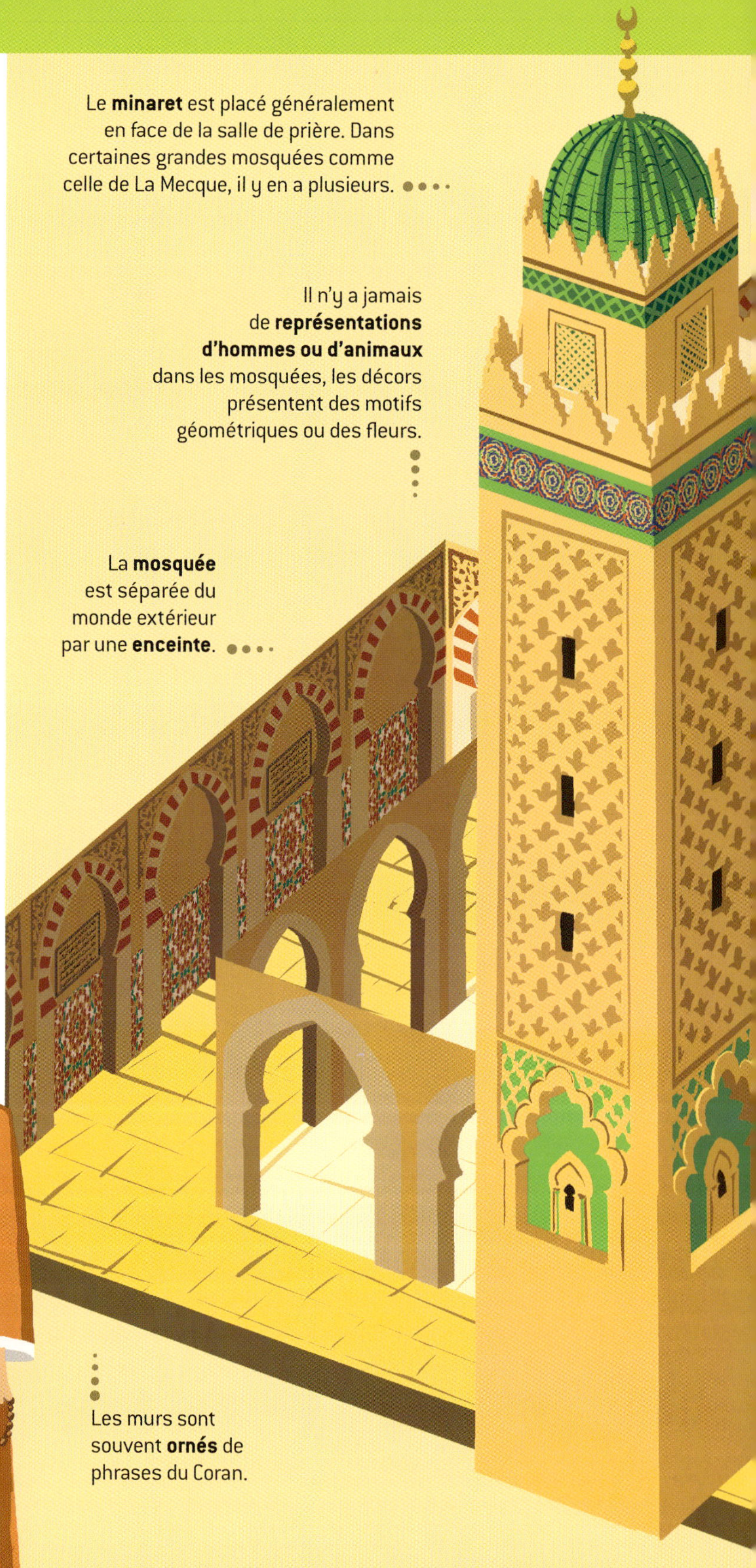

L'**imam** s'occupe de la mosquée, **conseille** les croyants sur les questions religieuses, **dirige** la prière. Il est aussi chargé d'**apprendre** aux enfants le Coran, le **livre sacré** des musulmans.

Des exemplaires du **Coran** sont placés sur des petits meubles.

Souvent, dans la **salle de prière**, les hommes et les femmes sont séparés par une balustrade ou un rideau.

Le **mihrab**, une niche creusée dans le mur, indique la **qibla**, la direction de La Mecque.

Adossé au fond du mur de la salle des prières, le **minbar** est la tribune où se tient l'**imam**. Il est inspiré par le siège en bois où le **prophète Mohammed** s'asseyait.

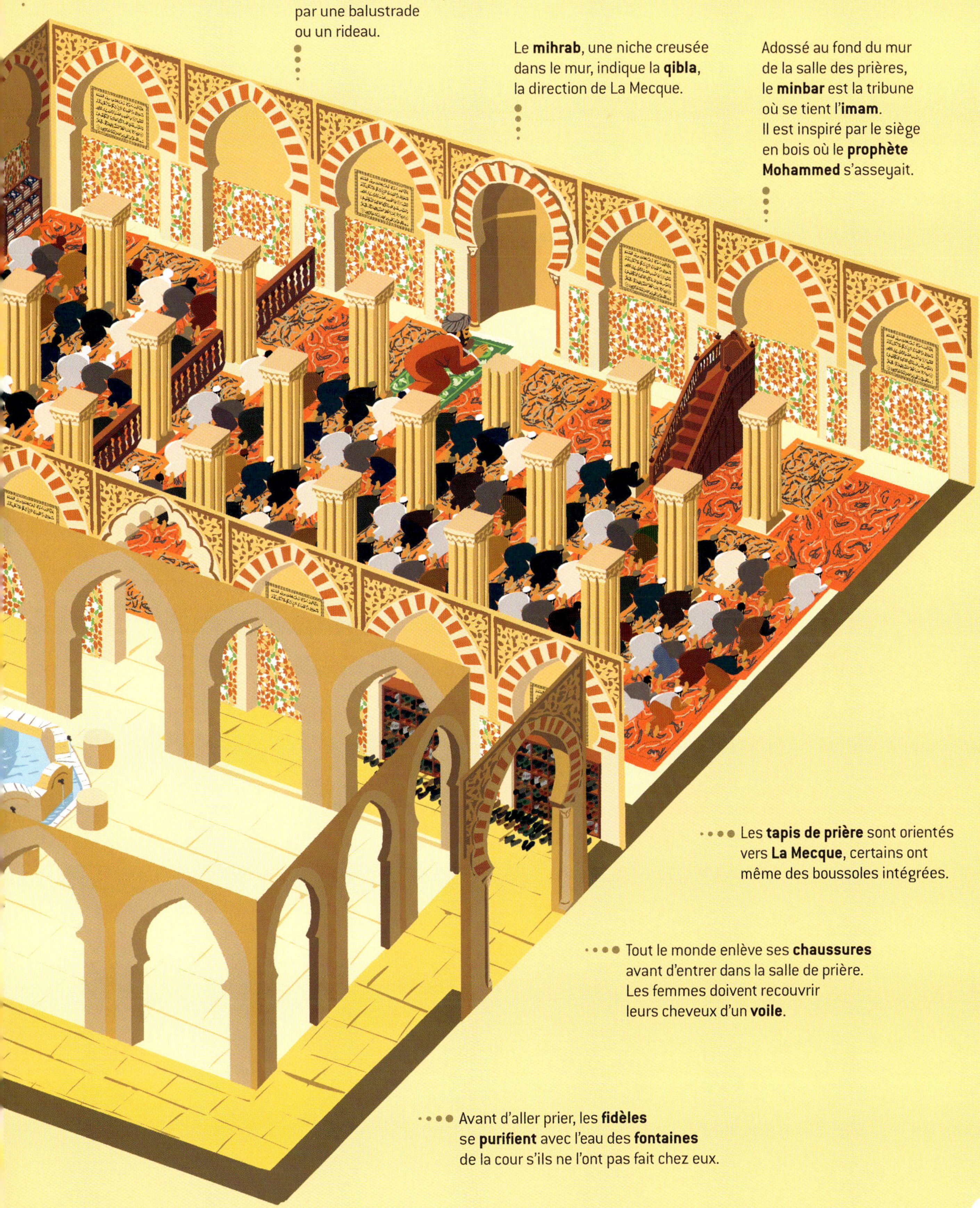

Les **tapis de prière** sont orientés vers **La Mecque**, certains ont même des boussoles intégrées.

Tout le monde enlève ses **chaussures** avant d'entrer dans la salle de prière. Les femmes doivent recouvrir leurs cheveux d'un **voile**.

Avant d'aller prier, les **fidèles** se **purifient** avec l'eau des **fontaines** de la cour s'ils ne l'ont pas fait chez eux.

une synagogue

La synagogue est le lieu de **prière**, de **réunion** et d'**étude** des juifs pratiquants. Il en existe différents styles mais les synagogues comportent le plus souvent une **grande salle principale**. C'est dans ce bâtiment que les fidèles prient, écoutent la lecture de la **Torah**, le livre sacré qui correspond à l'Ancien Testament dans la Bible, et assistent aux grandes cérémonies de la communauté comme la **bar-mitsvah** au cours de laquelle le jeune garçon juif atteint sa majorité religieuse.
Il y a parfois d'autres salles plus petites où les juifs étudient l'histoire juive avec le **rabbin**.

Les hommes et les femmes sont souvent **séparés**. Dans certaines synagogues, on trouve même un **balcon** réservé aux femmes.

La grande **salle de prière** de la synagogue est généralement orientée vers **Jérusalem**.

Le **rabbin** est un spécialiste du judaïsme et de ses lois qu'il enseigne et explique. À la synagogue, il **préside** les cérémonies.

Selon la tradition juive, l'**étoile de David** décorait le bouclier du roi David. Elle figure aussi sur le drapeau d'Israël.

L'**arche sainte** ou armoire sainte abrite les **rouleaux** de la Torah. Pour les juifs, c'est l'endroit le plus sacré de la synagogue.

La synagogue contient un **chandelier** à sept branches qui rappelle celui du Temple de Jérusalem de l'Antiquité.

La **Torah** est un grand rouleau de parchemin sur lequel un scribe a écrit à la main l'histoire du peuple juif depuis son origine jusqu'à la mort de Moïse. C'est aussi un recueil de lois.

Au centre, une **grande table** recouverte d'une nappe en velours brodé est placée sur une estrade, la **bima**. C'est ici que se fait la lecture de la **Torah** devant la communauté des fidèles.

Les juifs **prient** le matin, l'après-midi et le soir, en groupe d'au moins dix hommes, la tête couverte d'un chapeau ou d'une **kippa**, un petit chapeau rond, en signe de respect pour Dieu.

1

COMPRENDRE COMMENT ÇA MARCHE...

les loisirs

un film de cinéma

Le premier film de l'histoire du cinéma est présenté au public le 22 mars 1895. C'est *La Sortie des usines Lumière*. Jusqu'en 1927, tous les films sont **muets** ! Le premier film en **couleur** date de 1935, mais il faut attendre la fin des années 1960 pour que l'usage de la couleur se généralise. En un peu plus d'un siècle, des milliers de films ont été réalisés dans des **genres** bien différents : drames, comédies, westerns, films policiers... Mais si on réfléchit bien, ils se font tous de la même façon : il faut des idées, des talents et beaucoup d'argent !

ÇA TOURNE À RIO !

4
DIMITRI CHOISIT LES **ÉQUIPES TECHNIQUES** CHARGÉES DU SON, DES CAMÉRAS, DE LA LUMIÈRE, DES DÉCORS, DES COSTUMES OU DU MAQUILLAGE. PENDANT CE TEMPS, THÉO RENCONTRE LES ACTEURS. LES PRODUCTEURS DONNENT LEUR AVIS : ILS CONNAISSENT BIEN LES GOÛTS DU PUBLIC.

5
LE TOURNAGE DURE PLUSIEURS MOIS CAR UNE PARTIE DE L'ACTION SE PASSE AU BRÉSIL. IL FAUT EMMENER LES **ACTEURS**, L'ÉQUIPE TECHNIQUE ET LE MATÉRIEL À RIO. CELA COÛTE CHER.

6
LE TOURNAGE EST FINI MAIS IL Y A 20 HEURES DE FILM ! PAUL, LE **MONTEUR**, SÉLECTIONNE AVEC DIMITRI LES MEILLEURES SCÈNES. PARFOIS, LE FILM MONTÉ NE RESSEMBLE PLUS VRAIMENT AU SCÉNARIO !

7
AVANT LA SORTIE, LES **JOURNALISTES** SONT INVITÉS PAR LES PRODUCTEURS À VISIONNER LE FILM. LEUR AVIS EST IMPORTANT CAR UNE BONNE CRITIQUE PEUT ATTIRER LES SPECTATEURS.

8
OUF, *SUSPENS À RIO* EST LE PLUS GRAND SUCCÈS DE L'ANNÉE, ET EN PLUS, IL REÇOIT L'**OSCAR**® DU MEILLEUR FILM ÉTRANGER !

ZOOM SUR...

le tournage d'un film

Hommage aux anciens films de pirates, *Pirates des Caraïbes, le secret du coffre maudit* a été tourné pendant plus d'un an sur les îles des Caraïbes et des Bahamas. Il a nécessité d'importants moyens techniques.

Grâce aux nouvelles caméras, moins lourdes qu'autrefois, le **chef-opérateur** peut facilement, en les portant sur l'épaule, s'approcher de Johnny Depp et d'Orlando Bloom, les deux stars du film.

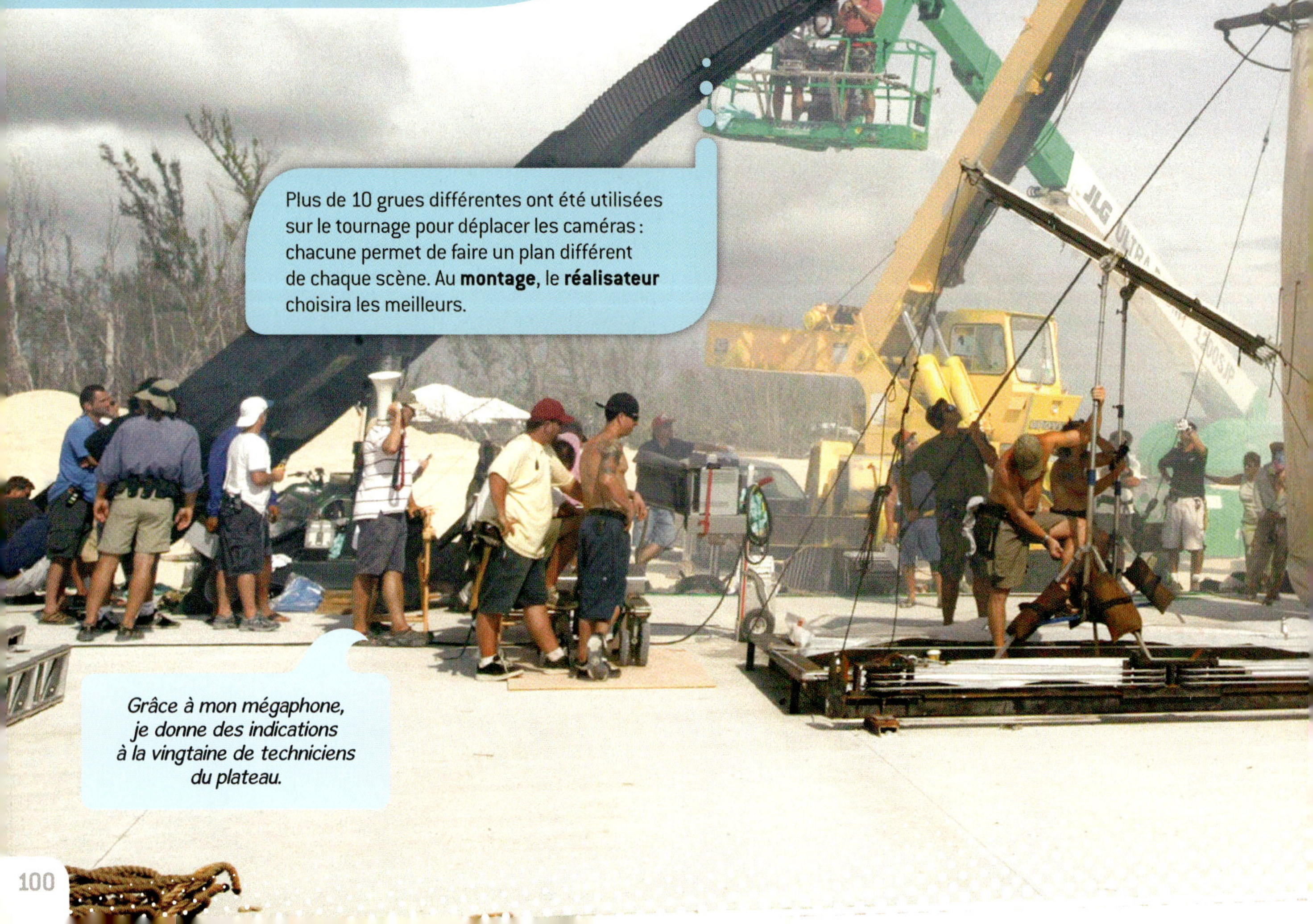

Plus de 10 grues différentes ont été utilisées sur le tournage pour déplacer les caméras : chacune permet de faire un plan différent de chaque scène. Au **montage**, le **réalisateur** choisira les meilleurs.

Grâce à mon mégaphone, je donne des indications à la vingtaine de techniciens du plateau.

Les **décorateurs** ont dû fabriquer pour le film près de 140 km de cordes pour le gréement des bateaux et les différents accessoires !

Portée par un immense bras articulé, cette caméra permet de faire des **gros plans** des acteurs, même aux endroits qui semblent les plus inaccessibles. Un technicien s'est approché d'Orlando Bloom pour donner les **indications du metteur en scène**.

un dessin animé en 3D

Le **dessin animé** est presque aussi vieux que le cinéma et comme lui, il n'a cessé de se moderniser. Depuis quelques années, avec l'utilisation de logiciels de **modélisation 3D** qui permettent de créer des personnages ou des objets en **trois dimensions**, les dessins connaissent une véritable révolution. Pourtant, quel que soit le réalisateur et quelle que soit la technique utilisée, le principe reste le même : donner l'**illusion du mouvement** en projetant à la suite et très rapidement des dessins légèrement différents, à un rythme de 12 à 24 images par seconde.

OBJECTIF SATURNE

3
À PARTIR DE CES PREMIERS DESSINS, LES **GRAPHISTES** VONT CRÉER SUR LEUR ORDINATEUR DES **PERSONNAGES EN 3D**. PUIS ILS VONT LES TEXTURER, C'EST-À-DIRE LEUR DONNER UNE APPARENCE PLUS RÉALISTE.

4
SERGE, L'**INGÉNIEUR DU SON**, RÉALISE L'ENREGISTREMENT DES DIALOGUES AFIN DE POUVOIR ENSUITE SYNCHRONISER LE MOUVEMENT DES LÈVRES DES PERSONNAGES. ON CHOISIT DES ACTEURS POPULAIRES À LA VOIX RECONNAISSABLE COMME BRAD TIP OU JESSICA ABLA.

5
DES **ACTEURS** REVÊTUS DE **CAPTEURS** SONT FILMÉS PAR UNE CAMÉRA SPÉCIALE QUI ENREGISTRE LEURS MOUVEMENTS ET LES APPLIQUE INSTANTANÉMENT AUX PERSONNAGES 3D.

6
DELPHINE COMMANDE À UN **MUSICIEN** UNE COMPOSITION ORIGINALE POUR LE GÉNÉRIQUE. UN **BRUITEUR** AJOUTE DES CENTAINES DE SONS : DU DÉCOLLAGE DE LA FUSÉE AU CLAQUEMENT D'UNE PORTE !

7
LE DESSIN ANIMÉ SORT EN SALLE. POUR EN FAIRE LA **PROMOTION**, BRAD TIP ET JESSICA ABLA COURENT LES PLATEAUX DE TÉLÉ. DANS LES MAGASINS, DE NOMBREUX **PRODUITS DÉRIVÉS** (FIGURINES, LIVRES...) ACCOMPAGNENT LA SORTIE DU FILM.

ZOOM SUR... un film d'animation

Pour le tournage de *Noces funèbres* en 2005, Tim Burton a imaginé un monde peuplé de centaines de marionnettes. Ces créatures vivent dans le sinistre Pays des vivants et le joyeux Pays des morts.

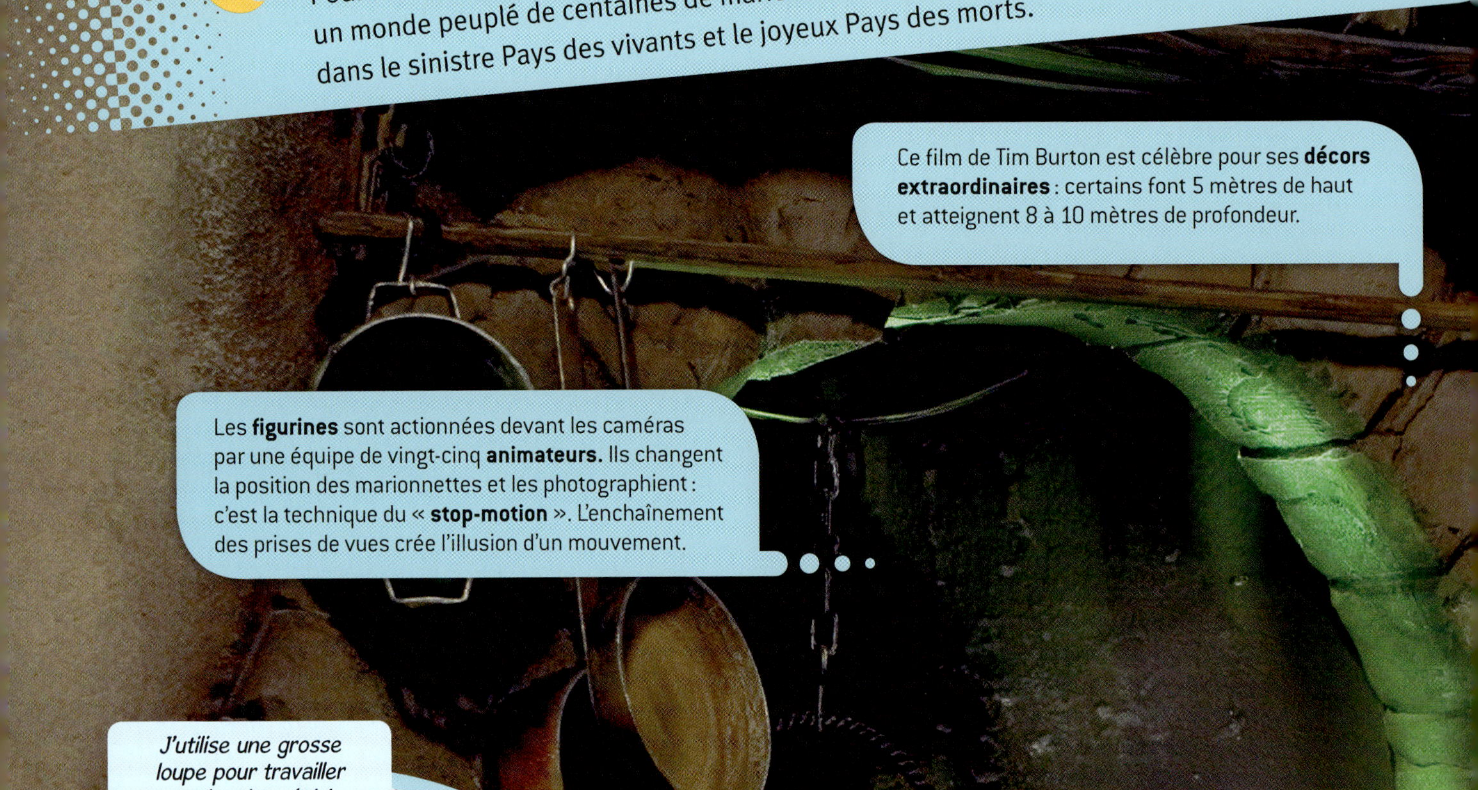

Ce film de Tim Burton est célèbre pour ses **décors extraordinaires** : certains font 5 mètres de haut et atteignent 8 à 10 mètres de profondeur.

Les **figurines** sont actionnées devant les caméras par une équipe de vingt-cinq **animateurs.** Ils changent la position des marionnettes et les photographient : c'est la technique du « **stop-motion** ». L'enchaînement des prises de vues crée l'illusion d'un mouvement.

J'utilise une grosse loupe pour travailler avec plus de précision.

Les **créateurs** fabriquent des marionnettes avec une **armature métallique** recouverte d'un mélange de **mousse** et de **silicone**. Elles gardent leur souplesse et leurs couleurs après des heures de tournage.

Les marionnettes mesurent environ **30 cm de haut**, une taille supérieure à celle des modèles classiques. Elles doivent être **lestées** pour ne pas tomber lors des innombrables manipulations des animateurs.

Un petit **mécanisme** est placé dans la tête de chaque marionnette. En le manipulant, les techniciens obtiennent une grande **variété d'expressions** et de **mouvements**.

un jeu vidéo

De l'écran de **télévision** à celui des **ordinateurs** ou des tablettes, les jeux vidéo ont conquis le monde en quelques années. Les premiers sont nés dans les années 1960. Très simples à la base, comme *Tetris* ou *Pac man*, ils ne cessent de se perfectionner. Aujourd'hui, les créateurs imaginent de véritables **civilisations virtuelles** avec des jeux qui ressemblent de plus en plus à des **films de cinéma**.

départ !

Les **concepteurs** se réunissent pour définir le principe du jeu, l'univers graphique et les personnages. On les appelle aussi les **scénaristes multimédia**.

Les **animateurs** s'inspirent du scénario du jeu pour mettre en mouvement les objets et les personnages.

L'**illustrateur sonore** compose les différentes musiques de l'histoire et tous les sons correspondant aux interventions du joueur.

Les **dessinateurs** esquissent des personnages dans différentes postures avec des expressions variées, et créent les décors.

Les concepteurs rédigent le ***game design***, une sorte de gros cahier qui décrit l'univers, donne des indications techniques et explique comment le joueur va pouvoir jouer un rôle actif.

Les **infographistes** reprennent ensuite ces illustrations sur ordinateur en 2 ou 3 D.

Les **animateurs** entrent en scène : le travail d'animation s'effectue parfois en captant les mouvements d'acteurs et en les restituant dans le jeu. C'est la ***motion capture***.

L'équipe de **testeurs** doit trouver la totalité des bogues et des défauts du jeu.

Les **programmeurs** écrivent les codes informatiques qui servent à contrôler les personnages en fonction des actions du joueur.

Après la parution du jeu, un **webmaster** animera le forum du site Internet où discutent les joueurs.

une bande dessinée

Publier une bande dessinée est un **projet long** – il peut s'étaler sur plusieurs mois, voire plusieurs années – et **complexe** car il nécessite une collaboration étroite entre le **scénariste** et le **dessinateur**. Le premier invente l'histoire, fait le découpage par planche et par case et écrit les dialogues, le second crée les personnages et les décors, agence les cases dans les planches et met l'histoire en images. Le lettrage ou la mise en couleur sont parfois laissés à des **spécialistes**.

LES AVENTURES DE JAMES SOUTH

4
LUIS ET JÉRÔME REGARDENT ENSEMBLE LE PROJET CRAYONNÉ AVEC LEUR **ÉDITEUR**. IL MANQUE UN PEU DE DIALOGUES SUR CERTAINES PAGES ET QUELQUES DESSINS DOIVENT ÊTRE AMÉLIORÉS.
5
QUAND TOUT EST PRÊT, IL FAUT PASSER À L'ÉTAPE DE L'**ENCRAGE**, LE DESSIN DÉFINITIF. CERTAINS UTILISENT UN PINCEAU, D'AUTRES UN STYLO. C'EST AUSSI LE MOMENT OÙ JÉRÔME PLACE LE TEXTE.
6
LE **TEXTE** PEUT ÊTRE UNE DESCRIPTION DANS UN RECTANGLE MAIS AUSSI UN DIALOGUE OU UNE PENSÉE DANS UNE BULLE.
7
QUAND L'ENCRAGE EST TERMINÉ, JÉRÔME SCANNE SON DESSIN. IL TRAVAILLE MAINTENANT SUR ORDINATEUR POUR LE METTRE EN COULEUR. PARFOIS, LA BD EST CONFIÉE À UN **COLORISTE** SPÉCIALISÉ DANS CE TRAVAIL.
8
C'EST TERMINÉ. LA BD PEUT ÊTRE ENVOYÉE À L'**IMPRIMEUR**. IL FAUT ALLER VITE: DES MILLIERS DE LECTEURS ATTENDENT LA **PARUTION** DES AVENTURES DE LEUR HÉROS PRÉFÉRÉ !

un journal

Qu'ils soient spécialisés comme *L'Équipe* ou qu'ils traitent de tous les sujets comme *Le Monde*, tous les **quotidiens** sont réalisés de la même manière et avec les mêmes collaborateurs. Il y a bien sûr les **journalistes**, chargés d'écrire les articles, mais aussi les **infographistes** qui dessinent des cartes ou des schémas pour faciliter la compréhension d'un sujet, le **secrétaire de rédaction** qui vérifie les informations et rédige les titres ou le **graphiste** qui s'occupe de la mise en page. Pour organiser le travail de chacun, tout commence par la **conférence de rédaction**.

SCOOP À LA UNE !

3 11H30 - REPORTERS ET PHOTOGRAPHES VONT SUR LE TERRAIN. JEAN ET THOMAS, JOURNALISTES À LA RUBRIQUE SPORT, VONT INTERVIEWER JO YOUBI, LA STAR DE L'OLYMPIQUE DE MARSEILLE, AVANT LE MATCH CONTRE MILAN, LE SOIR-MÊME.
4 15H - LES JOURNALISTES ONT RASSEMBLÉ ET VÉRIFIÉ TOUTES LES INFORMATIONS POUR RÉDIGER LEURS ARTICLES. AU SERVICE CULTURE, LUC ÉCRIT UN PAPIER SUR LE DERNIER FILM DE TINTIN QUARANTINO.
5 17H - LE PREMIER MINISTRE A DÉMISSIONNÉ. C'EST UN SCOOP. THÉO, LE CHEF DU SERVICE POLITIQUE, RÉDIGE UN ARTICLE QUI FERA LA UNE DE LA PROVENCE LIBRE. IL SERA ÉGALEMENT REPRIS PAR LE JOURNAL EN LIGNE, LAPROVENCELIBRE.FR.
6 18H - LES ARTICLES SONT ENVOYÉS EN CORRECTION : IL FAUT TRAQUER LES ÉVENTUELLES FAUTES D'ORTHOGRAPHE ! PABLO, L'INFOGRAPHISTE, A TERMINÉ SON ILLUSTRATION DE UNE ET ANNIE, LA SECRÉTAIRE DE RÉDACTION, REVOIT CERTAINS TITRES POUR LES RENDRE PLUS ACCROCHEURS.
7 20H30 - LE JOURNAL PART ENFIN À L'IMPRIMERIE ! VERS 2 HEURES DU MATIN, LES EXEMPLAIRES SONT DISTRIBUÉS PAR CAMIONNETTE DANS DES MILLIERS DE KIOSQUES. C'EST UN EXPLOIT QUOTIDIEN.

une émission de TV

Variétés, jeux, débats politiques... il existe une grande variété d'**émissions télévisées**. Certaines ont des audiences extraordinaires et réunissent devant le petit écran des **millions de téléspectateurs**. Le plus souvent, elles sont enregistrées puis proposées par une chaîne de télévision plusieurs jours ou semaines plus tard. Mais il existe encore quelques émissions **en direct**. Elles sont beaucoup plus compliquées à réaliser car tout doit être parfait : on ne peut pas couper ou refaire des prises !

***Le juste poids* en direct !**
À chaque émission, six candidats s'affrontent pour découvrir le juste poids.

Le **chauffeur de salle** indique au **public** comment il doit réag grâce à de grands panneaux.

Le **décorateur** a travaillé pendant deux jours pour aménager le **plateau**.

Des centaines de personnes se sont inscrites sur le site Internet du *Juste poids* pour **participer** à l'émission.

Le **producteur** a financé l'émission (location du plateau, achat du décor..) et a vendu le programme à la **chaîne** de télévision qui le diffuse.

L'**animateur** est arrivé quelques minutes avant le tournage. Il a l'air d'improviser mais il a face à lui un **prompteur** sur lequel défile son texte, écrit à l'avance.

L'animateur et les candidats sont **maquillés** avant le tournage et pendant les pauses publicitaires.

Un **technicien** s'occupe des **lumières** : elles changent de couleur selon le moment de l'émission.

Le **chef opérateur** « **son** » s'assure que la retransmission soit parfaite pour les téléspectateurs.

Sept **cameramen** filment en permanence à partir d'axes différents. Certaines caméras sont braquées sur les joueurs, d'autres sur l'animateur.

Comme sur le tournage d'un film, il y a un **réalisateur** et une **équipe technique** importante.

Le **réalisateur** est comme le chef d'orchestre. Sur les huit écrans qui sont devant lui, il doit choisir les images à diffuser. Il faut se décider très vite car l'émission passe **en direct**.

un site Internet

Modestes ou internationales, toutes les sociétés disposent aujourd'hui d'un **site Internet**. La plupart donnent des **informations** sur les activités ou les produits, certains permettent à leurs clients d'effectuer des **achats en ligne**. Et tout cela 24 heures sur 24, sans avoir à se déplacer ! Les **sites web** sont conçus par des entreprises spécialisées. Avant que les **graphistes** et les **développeurs** ne se mettent au travail, le **chef de projet** doit définir les attentes de son client par rapport au futur site.

COOLTRIP VEUT SON SITE !

1 FABIENNE EST **CHEF DE PROJET** CHEZ EASYWEB, UNE SOCIÉTÉ QUI CONÇOIT DES SITES INTERNET. ELLE A ÉTÉ CONTACTÉE PAR LÉO, LE DIRECTEUR DE COOLTRIP, UNE AGENCE DE VOYAGES.

2
LÉO A PLUSIEURS EXIGENCES : LE SITE DOIT ÊTRE NON SEULEMENT **ATTRACTIF**, MAIS AUSSI **FACILE À UTILISER** ET **SÉCURISÉ** POUR QUE LES INTERNAUTES ACHÈTENT DES VOYAGES EN TOUTE CONFIANCE. LE SITE DOIT ÊTRE ACCESSIBLE SUR LES TÉLÉPHONES MOBILES.

3
DANS LES LOCAUX D'EASYWEB, FABIENNE RESTITUE À MARIE, LA **GRAPHISTE**, ET À PAULIN, LE **DÉVELOPPEUR**, LES DEMANDES DE LÉO.

4
MARIE S'OCCUPE DE L'**HABILLAGE** DU SITE (DESIGN, COULEURS...), DES ANIMATIONS ET DE LA MANIÈRE DE NAVIGUER DE PAGE EN PAGE. PAULIN EST CHARGÉ DE LA **PROGRAMMATION INFORMATIQUE**.

5
QUAND LE SITE EST PRÊT ET VALIDÉ PAR LÉO, IL EST **MIS EN LIGNE**. DÉSORMAIS, TOUT LE MONDE PEUT Y ACCÉDER ET DE N'IMPORTE QUEL ORDINATEUR DU MONDE ENTIER !

6
AU DÉBUT, LES VISITEURS SONT PEU NOMBREUX. POUR **FAIRE CONNAÎTRE LE SITE**, GAËLLE, L'ASSISTANTE DE LÉO, FAIT ÉCRIRE *COOLTRIP.COM* SUR LES BILLETS D'AVION VENDUS PAR L'AGENCE ET SUR LES CATALOGUES. ELLE FAIT AUSSI DE LA PUBLICITÉ SUR INTERNET.

7
CHAQUE SEMAINE, GAËLLE **MET FACILEMENT À JOUR** LES PROMOTIONS ET LES NOUVEAUX TARIFS. LE SUCCÈS EST AU RENDEZ-VOUS. GRÂCE AU COMPTEUR DU SITE, LÉO SAIT QUE 3 000 PERSONNES SE PROMÈNENT CHAQUE JOUR SUR COOLTRIP.COM.

un concert de rock

Les groupes de rock enregistrent très régulièrement des disques en **studio**. Ils aiment aussi jouer sur **scène** pour partager leur musique et faire connaître leurs nouveaux titres à leurs fans. C'est le but des tournées. Mais pour deux heures de **concert**, il faut une sacrée organisation ! Les musiciens font appel à un **tourneur**, un professionnel spécialisé qui s'occupe de tout ou presque : il réserve les salles ou les stades, gère les déplacements du groupe et s'occupe de la publicité pour attirer le public.

LA TOURNÉE DES RED STONES

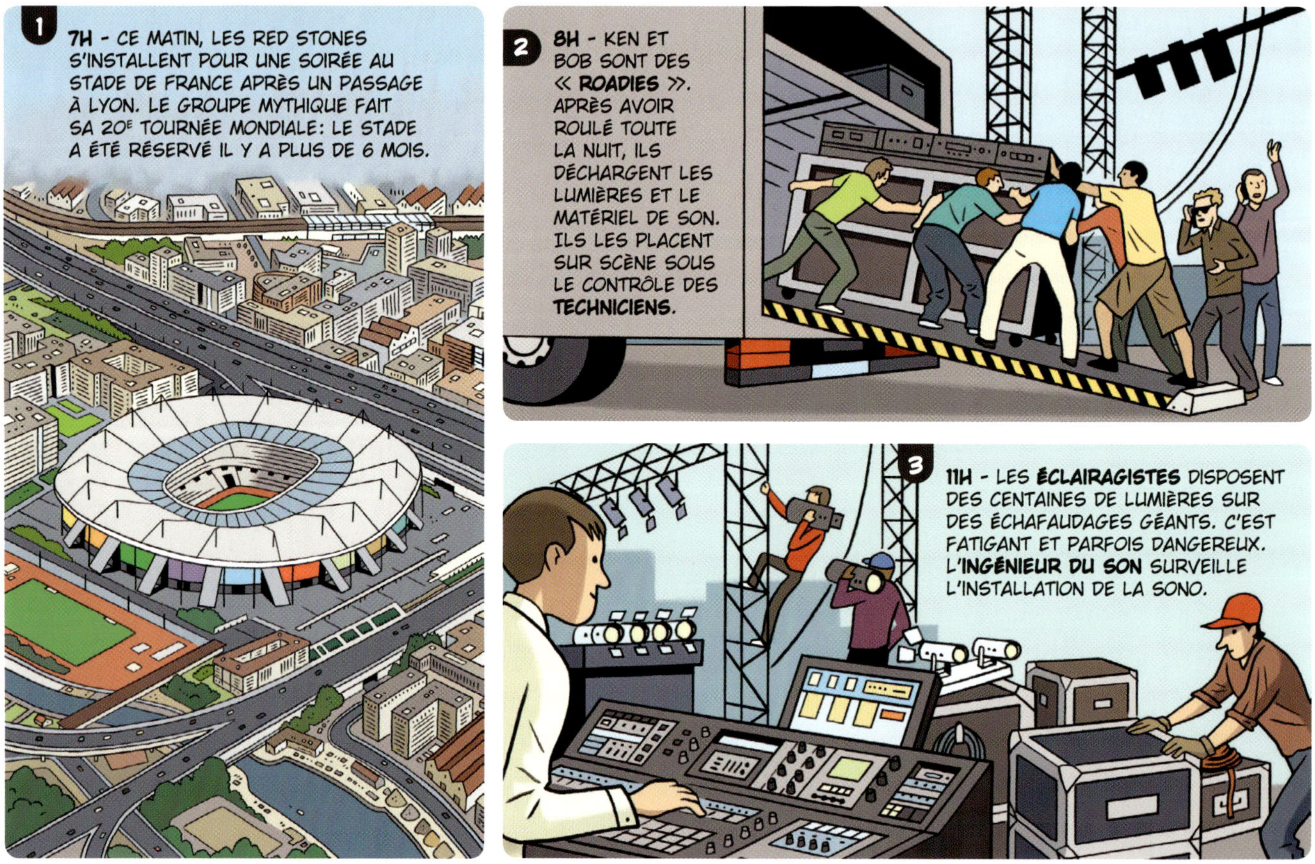

4 16H - LE CHANTEUR NICK DAGGER ET LES MUSICIENS DU GROUPE ATTERRISSENT À PARIS EN AVION PRIVÉ. QUAND ILS ARRIVENT AU STADE DE FRANCE, TOUT EST PRÊT. ILS **TESTENT LE SON**, PUIS VONT SE REPOSER DANS LEUR LOGE.
5 18H - LA FOULE DES SPECTATEURS PÉNÈTRE DANS LE STADE. CERTAINS NE RATENT JAMAIS UN CONCERT DU GROUPE. EN BAS DE LA SCÈNE, LES **RESPONSABLES DE LA SÉCURITÉ** SURVEILLENT QUE TOUT SE PASSE BIEN.
6 21H - LE SPECTACLE EST FABULEUX. DEVANT LA SCÈNE, LES SPECTATEURS SONT TELLEMENT SERRÉS QUE CERTAINS S'ÉVANOUISSENT. HEUREUSEMENT, IL Y A DES **MÉDECINS** ET DES **SECOURISTES.**
SÉCURITÉ
7 23H - LES SPECTATEURS SONT RAVIS DE CETTE SOIRÉE TRÈS ROCK'N'ROLL. ILS RENTRENT CHEZ EUX EN MÉTRO.
8 23H30 - NICK DAGGER REPREND SON AVION PRIVÉ POUR DORMIR DANS SA BELLE MAISON, EN ANGLETERRE.

un orchestre

L'orchestre symphonique de la ville est composé de près d'une centaine de musiciens, placés sous la responsabilité du **directeur musical**, le chef d'orchestre. Mais pour faire fonctionner un ensemble comme celui-là, il faut du **personnel** pour payer les **musiciens**, préparer les spectacles ou les tournées nationales et internationales mais aussi informer et accueillir les **spectateurs**.

UNE PRÉPARATION SANS FAUSSE NOTE

3
LE CONCERT APPROCHE, LES RÉPÉTITIONS COMMENCENT. À CHAQUE SÉANCE, LE CHEF CHOISIT LES PASSAGES À TRAVAILLER. TANTÔT IL CONVOQUE TOUT L'ORCHESTRE, TANTÔT SEULEMENT LES CORDES OU LES VENTS. IL DIRIGE LES MUSICIENS SELON SON INTERPRÉTATION DE L'ŒUVRE.
4
QUELQUES HEURES AVANT LE CONCERT, LES TECHNICIENS INSTALLENT LES INSTRUMENTS SUR LA SCÈNE. CERTAINS COMME LE PIANO SONT TRÈS LOURDS, ET TOUS SONT FRAGILES. UN TECHNICIEN S'OCCUPE AUSSI DE L'ÉCLAIRAGE.
5
PENDANT LE CONCERT, FAYÇAL GUIDE L'ORCHESTRE AVEC SES BRAS, EN S'AIDANT DE SA BAGUETTE. IL INDIQUE PAR EXEMPLE LE TEMPO (À QUELLE VITESSE IL FAUT JOUER) OU LES NUANCES (PLUS OU MOINS FORT), ET IL DONNE LES DÉPARTS DES DIFFÉRENTS INSTRUMENTS.
6
PARFOIS, L'ORCHESTRE PART EN TOURNÉE. L'ÉQUIPE ADMINISTRATIVE ORGANISE LE PLANNING DES CONCERTS ET PREND CONTACT AVEC LES DIRECTEURS DES SALLES. BRUNO, LE RÉGISSEUR, RÉSERVE LES CHAMBRES D'HÔTEL ET LES CAMIONS POUR TRANSPORTER LES INSTRUMENTS.
7
GRÂCE AU TRAVAIL D'ANOUK, CHARGÉE DE LA COMMUNICATION, LE PUBLIC EST VENU NOMBREUX : HEUREUSEMENT, CAR CES DÉPLACEMENTS COÛTENT TRÈS CHER !

ZOOM SUR…

un concert symphonique

Les musiciens de l'orchestre philarmonique de New York donnent un grand concert sous la direction de leur chef. Cette représentation est suivie par des centaines de spectateurs privilégiés, assis dans la salle, mais aussi par des milliers d'auditeurs à la radio.

Dans un orchestre symphonique, les musiciens sont placés par famille d'instruments : les **cordes** (violons, altos, violoncelles…), les **bois** (flûtes, clarinettes…), les **cuivres** (cors, trompettes…) et les **percussions** (grosse caisse, xylophone…).

Pour frapper sur la grosse caisse, j'utilise deux petits maillets garnis d'un tampon de liège ou de feutre.

La contrebasse est apparue dans les orchestres au milieu du XVIIe siècle.

Alan Gilbert est l'actuel chef de l'orchestre philarmonique de New York. Le premier, au début du XXe siècle, était le célèbre compositeur **Gustav Mahler**.

Les musiciens du Royal Philarmonic Orchestra jouent dans la magnifique salle du Royal Albert hall de Londres, devant le grand orgue. Pour que le public puisse voir en **gros plan** les instrumentistes, un écran géant a été installé.

Bien que **métallique**, le **saxophone** appartient à la famille des **bois**. C'est l'un des instruments les plus récents car il a été inventé en 1846.

Tous les musiciens s'organisent en demi-cercle autour du **chef d'orchestre**. Ce dernier se tient dos au public et, par des gestes très précis, donne ses **indications** aux musiciens.

un défilé de mode

Deux fois par an, les **maisons de couture** organisent des défilés pour présenter leurs **collections** aux **acheteurs** et aux **journalistes** spécialisés dans la mode. Les premiers commandent les modèles pour les vendre dans leurs boutiques. Les seconds font connaître les nouveautés de l'année au grand public. C'est pourquoi l'organisation des **défilés** est très importante. En général, ils sont organisés dans des grands espaces loués pour l'occasion par les maisons de couture à New York, Londres, Milan ou Paris.

UNE COLLECTION ÉBLOUISSANTE

4
JOUR J : 18H - OLGA, HEÏDI ET ALINE SE FONT MAQUILLER ET COIFFER DANS LES COULISSES. PENDANT CE TEMPS, LE PUBLIC S'INSTALLE LE LONG DU **PODIUM**, UNE IMMENSE ESTRADE OÙ VONT DÉFILER LES MANNEQUINS.
5
JOUR J : 19H - CHACUNE À LEUR TOUR, LES MANNEQUINS DÉFILENT JUSQU'AU BOUT DU **PODIUM**. IL Y A UNE CENTAINE DE SPECTATEURS PRIVILÉGIÉS ET DE NOMBREUX **JOURNALISTES**.
6
PUIS LES MANNEQUINS REVIENNENT EN **COULISSES**. ELLES DOIVENT CHANGER DE ROBE ET PARFOIS DE COIFFURE EN DEUX OU TROIS MINUTES AVANT DE REPARTIR VERS LA SALLE.
7
À LA FIN DU DÉFILÉ, BAPTISTE VIENT À SON TOUR DEVANT LE PUBLIC. IL EST TRÈS APPLAUDI : SA **COLLECTION** A BEAUCOUP PLU.

un grand musée

Lieu de **conservation** des œuvres d'art, les grands musées comme le Louvre de Paris ou le Metropolitan Museum of Art de New York attirent chaque année des **millions de visiteurs**.
Pour mener à bien leurs missions de **conservation** et d'**accueil**, de nombreuses personnes sont mobilisées. Car il ne s'agit pas simplement d'accrocher des œuvres aux murs ou de les répartir dans des salles. Il faut aussi les **acquérir**, les **protéger** et les **mettre en valeur** pour le public.

départ !

Sous la responsabilité du **conservateur**, le musée expose ses œuvres majeures de manière thématique ou chronologique.

En lien avec le conservateur, le **commissaire** sélectionne les œuvres, réfléchit à la manière de les présenter et rédige le **catalogue**, édité par le musée.

Régulièrement, des **expositions temporaires** sont organisées en l'honneur d'un artiste ou d'un mouvement. Un expert est nommé **commissaire de l'exposition**.

Les grands musées ont un service de **restauration** d'une dizaine de personnes.
Des **experts** réparent la toile déchirée d'un tableau, une statue abîmée, un vase ébréché.
Mais attention, il ne faut pas transformer l'œuvre d'art !

Des **gardiens** sont placés dans chaque salle pour éviter les vols et les dégradations.

Des **guides** accompagnent des groupes pour leur **commenter** les œuvres. Quand ils ne sont pas salariés du musée, ils doivent avoir l'accord du conservateur.

Le musée **achète** de nouvelles œuvres dans des **galeries d'art** ou dans des **salles des ventes**. C'est le plus offrant qui repart avec les pièces.

Des **entreprises spécialisées** dans le transport d'objets fragiles acheminent les œuvres prêtées par d'autres musées ou par des particuliers. Le musée prend à chaque fois une **assurance** en cas de **vol** ou de **casse** !

Le **conservateur** reçoit parfois des dons des particuliers (sculptures, tableaux...), mais il ne les accepte pas toujours !

Faute de place, des milliers d'œuvres sont rangées dans des immenses **réserves** aménagées spécialement. Elles sont bien **répertoriées** pour être retrouvées rapidement.

Parfois, on sort certaines œuvres à l'occasion des **expositions temporaires**.

un **chantier** de fouilles

Site préhistorique, pyramide, maison romaine, château fort... les **chantiers de fouilles** couvrent toutes les périodes de l'Histoire. Sous la conduite d'un ou de plusieurs **archéologues**, une équipe de chercheurs fouille le sol ou les recoins des monuments pour découvrir des **vestiges des temps passés** et mieux comprendre telle ou telle époque. Les fouilles durent de quelques mois à plusieurs années. Quand le **site** a été entièrement fouillé, il est aménagé pour faciliter la présentation au public.

SUR LES TRACES DE NOS ANCÊTRES

1 JEAN-BAPTISTE ET SON ÉQUIPE D'**ARCHÉOLOGUES** COMMENCENT PAR DIVISER LE CHANTIER DU SITE GALLO-ROMAIN EN CARRÉS DE 1 M DE CÔTÉ. C'EST LE **CARROYAGE**. ILS TENDENT DES CORDES ENTRE DES PIQUETS NUMÉROTÉS.

3
LA FOUILLE S'EFFECTUE **NIVEAU PAR NIVEAU** ET **CARRÉ PAR CARRÉ**. PARFOIS, CERTAINS SONT FOUILLÉS PLUS VITE QUE D'AUTRES CAR LE SOL EST PLUS TENDRE OU NE RENFERME AUCUN OBJET.
4
CHAQUE PIÈCE EST DÉGAGÉE À L'AIDE D'UNE **PIOCHE** ET D'UNE **TRUELLE**. PARFOIS, LE RECOURS À LA PINCE À ÉPILER EST INDISPENSABLE CAR CERTAINS OS OU CERTAINES POTERIES SONT MINUSCULES OU TRÈS FRAGILES.
5
JEAN-BAPTISTE NOTE AVEC PRÉCISION À QUELLE **PROFONDEUR** CHAQUE OBJET A ÉTÉ DÉCOUVERT. DES OBJETS TROUVÉS AU MÊME NIVEAU ONT FORCÉMENT ÉTÉ UTILISÉS À LA MÊME ÉPOQUE. QUAND IL S'AGIT D'UNE PIÈCE DE MONNAIE, ON A UNE BONNE INDICATION DE LA DATE !
6
UNE FOIS LA FOUILLE ACHEVÉE, LES OBJETS (OSSEMENTS, POTERIES, BIJOUX...) SONT **PROTÉGÉS** ET PLACÉS DANS DES **BOÎTES NUMÉROTÉES** AVANT D'ÊTRE ENVOYÉS AU **LABORATOIRE**.
7
LES **SCIENTIFIQUES** PEUVENT AINSI DÉCOUVRIR DES INSCRIPTIONS MINUSCULES SUR UNE POTERIE EN L'EXAMINANT AU **MICROSCOPE** OU TROUVER DES TRACES DE BLESSURE SUR UN CRÂNE DE PRÈS DE 2000 ANS GRÂCE AU **SCANNER**.

ZOOM SUR... une fouille sous-marine

Une épave vieille de plusieurs siècles vient d'être découverte dans les profondeurs de la mer. À la recherche de trésors ou d'informations sur son naufrage, les plongeurs archéologues doivent procéder à son exploration méthodique. Et rien n'est laissé au hasard.

Le *Remora 2 000* est un petit sous-marin d'observation panoramique capable de plonger à près de **600 mètres de profondeur**. Il peut emmener **deux hommes** pour une expédition de **10 heures**.

Ce plongeur inspecte l'épave d'un navire coulé en 1715 pendant la Grande Guerre du Nord. Pour faire ses **relevés**, il place sur le sol un **cadre** entrecroisé de mailles de nylon.

Ces deux plongeurs remontent à la surface, grâce à une **poche remplie d'air**, un des canons de l'épave du galion *Nuostra Senora de las Maravillas*. Ce navire espagnol a fait naufrage sur un récif des Bahamas en janvier 1656.

Chaque découverte est notée avec un crayon sur une **écritoire** recouverte d'une feuille de **papier imperméable**. Les archéologues font également de nombreuses **photos** et des **films** du site.

un parc animalier

Lions, zèbres, gorilles, ours blancs ou anacondas… Les grands **zoos** abritent parfois jusqu'à 2 000 animaux qu'il faut loger dans de bonnes conditions, nourrir, soigner… et protéger de leurs **prédateurs**. Pour s'occuper des animaux et accueillir le public, ces parcs peuvent compter jusqu'à une cinquantaine d'employés : un **vétérinaire**, des **soigneurs**, bien sûr, mais aussi des jardiniers, des plombiers, des électriciens et des hôtesses d'accueil. Certains zoos attirent en effet chaque année des centaines de milliers de **visiteurs** !

UNE JOURNÉE AU ZOO

4
EN CHEMIN, ELLE CROISE DE NOMBREUX **VISITEURS** QUI SE PRESSENT POUR ASSISTER AU REPAS DES OTARIES. PERSONNE NE VEUT RATER LE SPECTACLE ! AU COURS D'UNE ANNÉE, UNE OTARIE MANGE JUSQU'À 5 TONNES DE POISSONS !
5
À LA **NURSERY**, CÉCILE DÉCOUVRE LE BÉBÉ TAPIR QUE SA MAMAN REFUSE D'ALLAITER. IL FAUT LE NOURRIR AU BIBERON PENDANT QUELQUES JOURS AVANT DE LE RAMENER DANS SA CAGE.
6
CÉCILE REJOINT FABRICE, LE **DIRECTEUR**. ILS ONT RENDEZ-VOUS AVEC LE RESPONSABLE DU ZOO DE MADRID. ILS VEULENT **ÉCHANGER QUELQUES ANIMAUX** POUR FAIRE DÉCOUVRIR DE NOUVELLES ESPÈCES AU PUBLIC.
7
PENDANT LES TROIS MOIS DE L'ÉTÉ, LES PYTHONS DE MADRID FERONT FRÉMIR LES VISITEURS DU ZOO FRANÇAIS. ET PENDANT CE TEMPS, BORIS DEVIENDRA UNE STAR EN ESPAGNE !

ZOOM SUR...

une clinique zoologique

Dans les parcs animaliers, des vétérinaires spécialisés ont l'habitude de réaliser des interventions très délicates sur des animaux sauvages comme des opérations du cœur ou de la colonne vertébrale. Ce petit tigre de Sumatra va être opéré des yeux.

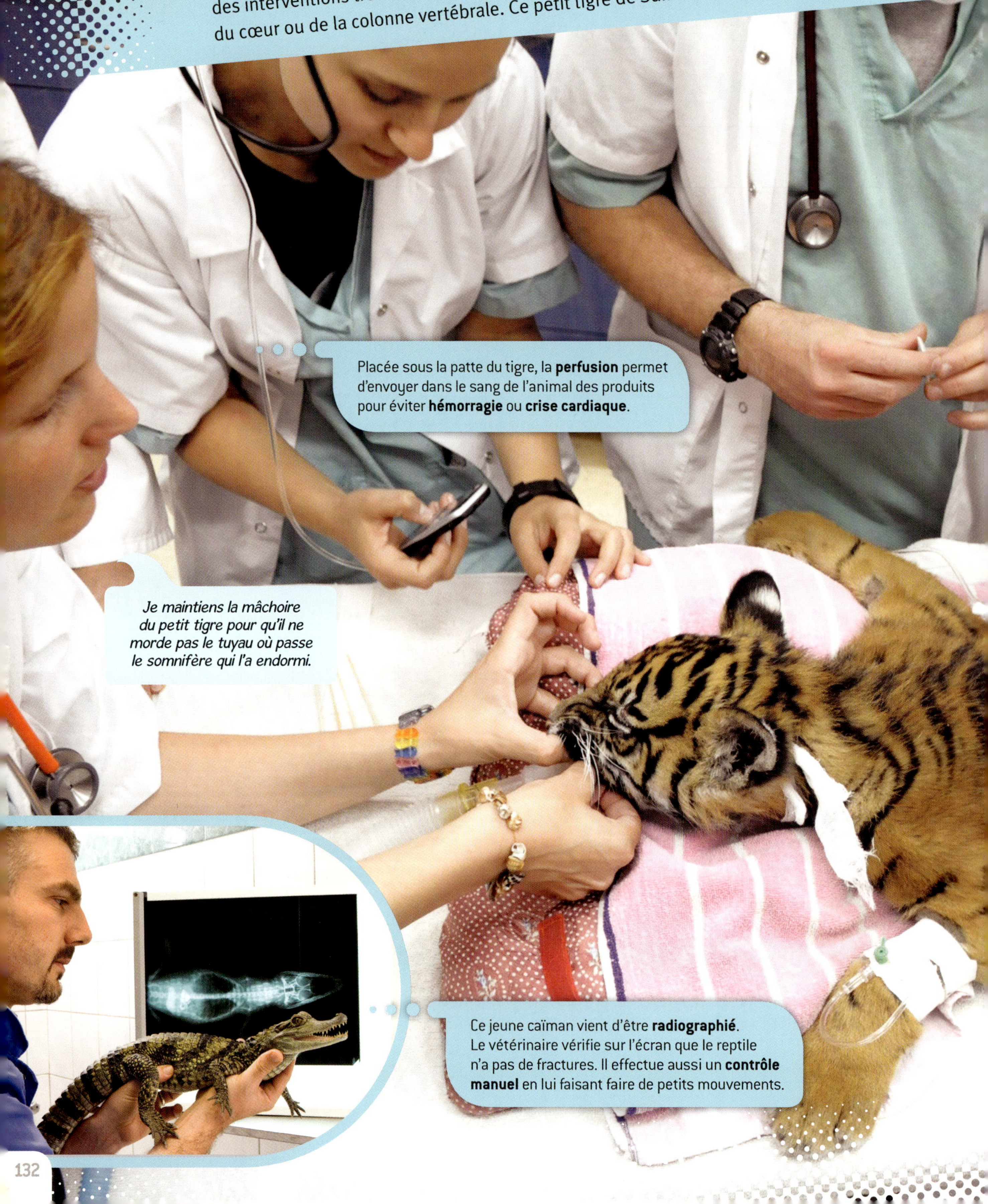

Placée sous la patte du tigre, la **perfusion** permet d'envoyer dans le sang de l'animal des produits pour éviter **hémorragie** ou **crise cardiaque**.

Je maintiens la mâchoire du petit tigre pour qu'il ne morde pas le tuyau où passe le somnifère qui l'a endormi.

Ce jeune caïman vient d'être **radiographié**. Le vétérinaire vérifie sur l'écran que le reptile n'a pas de fractures. Il effectue aussi un **contrôle manuel** en lui faisant faire de petits mouvements.

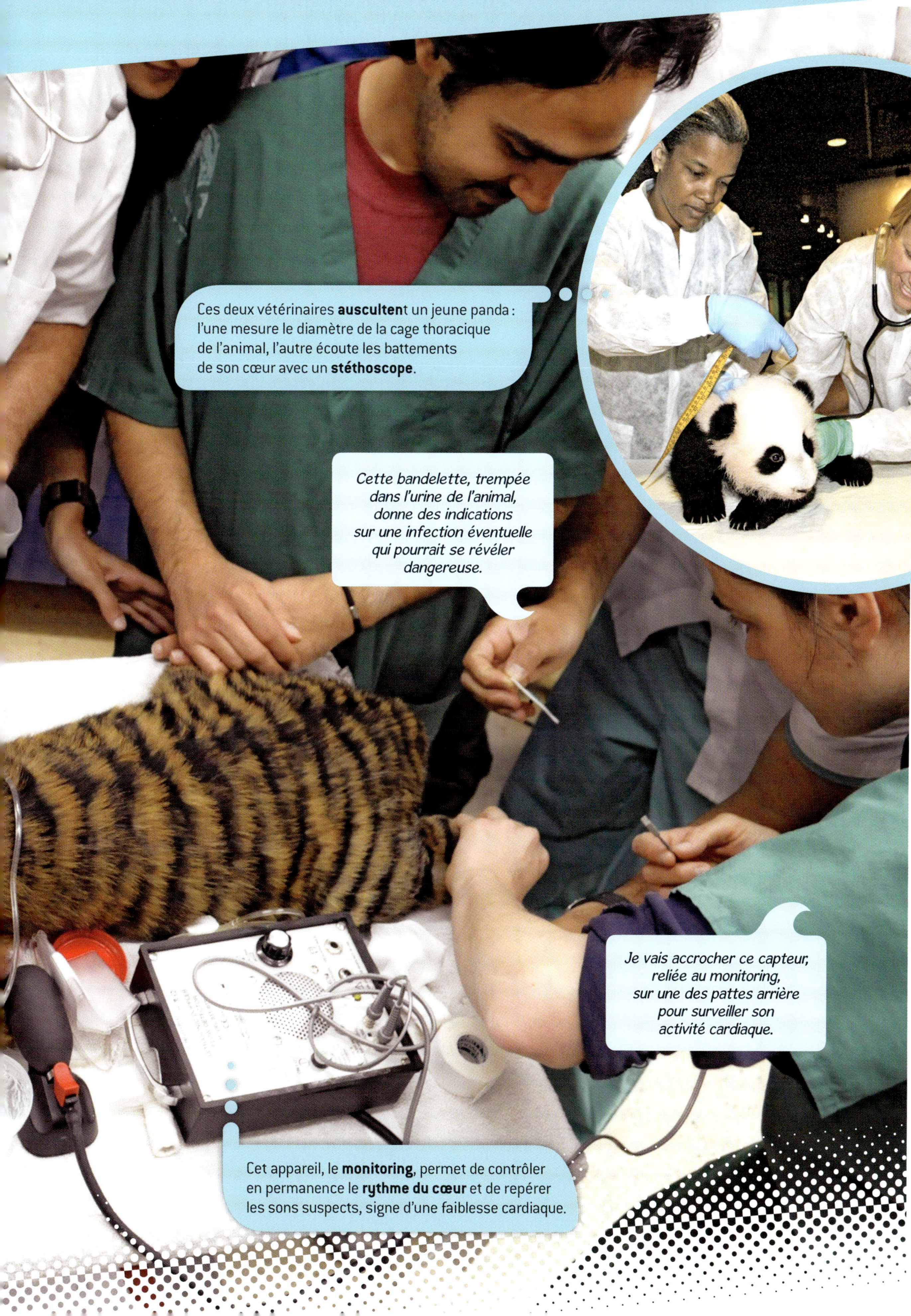

Ces deux vétérinaires **auscultent** un jeune panda : l'une mesure le diamètre de la cage thoracique de l'animal, l'autre écoute les battements de son cœur avec un **stéthoscope**.

Cette bandelette, trempée dans l'urine de l'animal, donne des indications sur une infection éventuelle qui pourrait se révéler dangereuse.

Je vais accrocher ce capteur, reliée au monitoring, sur une des pattes arrière pour surveiller son activité cardiaque.

Cet appareil, le **monitoring**, permet de contrôler en permanence le **rythme du cœur** et de repérer les sons suspects, signe d'une faiblesse cardiaque.

un club de football

Chaque semaine, tu peux regarder des **matchs** de football à la télévision ou aller au stade pour supporter ton équipe. Le **match** dure 90 minutes mais ce n'est qu'une petite partie de la vie d'un club. Les plus grands clubs emploient des **centaines de salariés** en plus des **joueurs** : certains sont chargés des soins, d'autres de la cantine, d'autres encore des abonnements des **supporters**. Un des moments les plus importants de la vie du club est le début de saison, quand il faut **former l'équipe**.

LE TRANSFERT DE JO YOUBI

4
LE TRANSFERT COÛTE CHER MAIS L'ÉQUIPE VA ÊTRE PLUS PERFORMANTE. ET DES MILLIERS DE MAILLOTS AVEC JO YOUBI ÉCRIT DERRIÈRE VONT ÊTRE VENDUS PAR LE CLUB. L'INVESTISSEMENT PEUT ÊTRE VITE REMBOURSÉ !

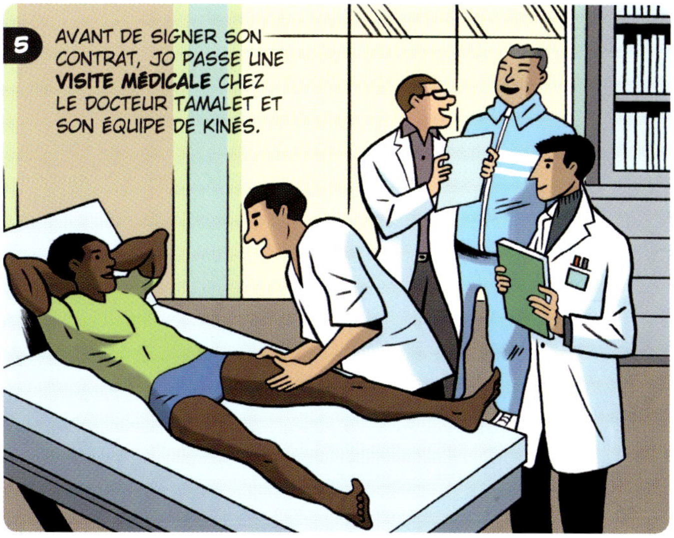
5
AVANT DE SIGNER SON CONTRAT, JO PASSE UNE VISITE MÉDICALE CHEZ LE DOCTEUR TAMALET ET SON ÉQUIPE DE KINÉS.

6
JOSÉ RENCONTRE LES REPRÉSENTANTS DES SUPPORTERS POUR LEUR ANNONCER LA BONNE NOUVELLE. C'EST NORMAL, CE SONT DES PARTENAIRES IMPORTANTS.

7
LE LENDEMAIN, LE TRANSFERT FAIT LA UNE DES JOURNAUX. LA SOCIÉTÉ QUI A ACHETÉ LE DROIT D'AVOIR SON NOM SUR LE MAILLOT DE MARSEILLE VA DEVENIR CÉLÈBRE !

8
LE PREMIER MATCH COMMENCE. EST-CE QUE CE RENFORT VA ÊTRE SUFFISANT POUR GAGNER LA LIGUE DES CHAMPIONS ? MYSTÈRE ET BOULE DE GOMME. LE FOOTBALL, CE N'EST PAS AUSSI SIMPLE !

un grand tournoi de tennis

Chaque année, les meilleurs joueurs de tennis du monde rêvent de remporter l'un des quatre **tournois** du **Grand Chelem** : l'Open d'Australie, Roland-Garros, Wimbledon et l'US Open. Ces compétitions prestigieuses attirent des milliers de spectateurs et sont retransmises sur des centaines de chaînes de télévision. Elles nécessitent une **organisation sans faille** pour que les matchs se déroulent dans les meilleures conditions. Rien n'est trop beau pour les stars de la petite balle jaune !

Six semaines avant l'ouverture du tournoi de Roland-Garros, **une tonne de terre rouge**, fabriquée avec des briques et des tuiles concassées, a été déposée en trois épaisseurs sur chaque court. Toutes les lignes blanches ont été repeintes.

Pedro, argentin, est classé 4e joueur mondial. Il affronte John, américain, dont c'est le premier **Grand Chelem**. Comme les autres joueurs venus de tous les pays, ils ont été accueillis à l'aéroport par les **organisateurs**.

Les **courts** sont arrosés chaque matin et après chaque match.

L'**arbitre** compte les points et règle les litiges. Pour l'ensemble des deux semaines du tournoi, les organisateurs ont recruté **40 arbitres** et **280 juges de ligne**.

Les joueurs peuvent se faire **masser** et **soigner**, et faire nettoyer leur linge sale sur place. À la **buanderie**, le travail est colossal : 35 000 serviettes sont lavées pendant la durée du tournoi !

Les **cordages** se détendent vite, se cassent parfois. Dans l'**atelier** de Roland-Garros, des spécialistes cordent entre **200 et 300 raquettes** par jour.

Le match est retransmis **en direct à la télévision**. Dans les vestiaires ou dans un petit salon, d'autres joueurs peuvent suivre la rencontre.

Après chaque match, les joueurs sont obligés de répondre aux **journalistes**, sinon, ils ont une amende.

l'organisation des jeux Olympiques

Comme au temps des Grecs de l'Antiquité, les jeux Olympiques d'été rassemblent les plus grands sportifs de la planète, prêts à s'affronter dans des **centaines de disciplines**. Neuf ans avant le début des épreuves, **cinq villes** (une seule par pays) ont déposé leur **candidature** pour organiser l'événement. Toutes rêvent d'accueillir les JO, mais il n'y aura qu'une gagnante : la ville qui aura séduit la majorité des 105 membres du Comité international olympique !

QUE LE MEILLEUR GAGNE !

4
MARS 2013 - LA COMMISSION D'ÉVALUATION DU COMITÉ OLYMPIQUE SE REND DANS CHAQUE VILLE POUR VISITER LES INSTALLATIONS SPORTIVES EXISTANTES ET LES FUTURS SITES.
5
7 SEPTEMBRE 2013 - C'EST LE JOUR DU VOTE. QUELLE VILLE VA L'EMPORTER ? À ISTANBUL COMME À TOKYO ET À MADRID, DES DIZAINES DE MILLIERS DE SPECTATEURS SE SONT MASSÉS, PLEINS D'ESPOIR, DANS L'ATTENTE DU VERDICT.
MAINTENANT QUE LA VILLE ORGANISATRICE A ÉTÉ DÉSIGNÉE, IL FAUT RÉALISER LES TRAVAUX, ET DANS LES DÉLAIS ! PENDANT SEPT ANS, LES CHANTIERS VONT SE SUCCÉDER !
7
FÉVRIER 2020 - LE VILLAGE OLYMPIQUE EST ENFIN TERMINÉ. IL VA ACCUEILLIR PENDANT 3 SEMAINES PLUS DE 15 000 ATHLÈTES ET ACCOMPAGNATEURS VENUS DE 200 PAYS !
8
JUILLET 2020 - C'EST LA CÉRÉMONIE D'OUVERTURE DES JO. LE STADE OLYMPIQUE EST PLEIN À CRAQUER ET 3 MILLIARDS DE TÉLÉSPECTATEURS SONT DEVANT LEUR POSTE.

INDEX

A

B

C

D

E

F

G

H

I

J

L-M

N-O

P

R

S

T-U

V-W

Z

Crédits photographiques

Plat 4 de couverture : **© Emmanuelle Jacobson-Roques**

Intérieur : pp 44-45 : les feux de forêt : DP : © Francisco Seco/AP/Sipa ; hg : © Jose Ventura/4SEE/REA ; bg : © Jorge Firmino/Gamma/Gamma-Rapho ; d : © Steven Governo/AP/Sipa ; **pp 64-65 :** une chaîne de montage : DP : © Xinhua/ Zuma/REA ; hd : © Ropi/REA ; bd : © Nicolas Bouhier/PSA Peugeot Citroën, Direction de la Communication ; **pp 68-69 :** un chantier naval : DP : © Bernard BIGER/ STX France ; bg : © Monty Rakusen/cultura/Corbis ; bd : © Bernard BIGER/STX France ; **pp 80-81 :** un immeuble en chantier : DP : © Alessandro Grassan/Invision ; bg : © Hamilton/REA ; hd : © Hamilton/REA ; **pp 86-87 :** un restaurant 3 étoiles : toutes les photos : © Marie-Pierre Morel/Restaurant Troisgros ; **p 100-101 :** le tournage d'un film : toutes les photos : Prod DB © Jerry Bruckheimer - Walt Disney/DR ; **pp 104-105 :** un film d'animation : toutes les photos : Prod DB © Warner Bros./DR ; **pp 120-121 :** un concert symphonique : DP : © Charles Eshelman/FilmMagic/ Getty Images ; bg : © Neilson Barnard/Getty Images for The Swatch Group/AFP ; hd : © Jon Furniss/WireImage/Getty Images ; **pp 128-129 :** une fouille sous-marine : DP : © Archaeologic State Office Schleswig/Maxppp ; hg : © Xavier Desmier/Rapho/ Gamma-Rapho ; bg : © Jeffrey Rotman/Biosphoto ; **pp 132-133 :** une clinique zoologique : DP : © Kfir Sivan/Israël Sun/REA ; bg : © Michel Gunther/Biosphoto ; hd : © A724/Gamma/Gamma-Rapho.

Jean-Michel Billioud remercie vivement pour leurs conseils avisés et leur aide précieuse Blandine Charvériat, Guy Colrat, Fabrice Gras, Maxime Grubin, Jean-Michel Liotte, Fréderic Morando, Fabienne Nusbaumer, Stéphane Rastoin et Cyprien Wateau.

Achevé d'imprimer en France 2012 par Loire Offset Titoulet

N° d'éditeur : 10175337
Dépôt légal : octobre 2012